D1721295

Burkhard
Rau

FAHRSCHULE FÜRS PFERD

Die sichere Vorbereitung auf das Einfahren

KYNOS VERLAG

© 2006 KYNOS VERLAG
Dr. Dieter Fleig GmbH
Konrad-Zuse-Straße 3
D-54552 Nerdlen/Daun
Telefon: 06592 957389-0
Telefax: 06592 957389-20
www.kynos-verlag.de

2. Auflage 2009

Bildnachweis:
Fotos S. 67 und S. 68: Burkhard Rau
Alle anderen Fotos: Lothar Lenz www.pferdefotoarchiv.de

Gedruckt in Lettland

 Mit dem Kauf dieses Buches unterstützen Sie die Kynos Stiftung Hunde helfen Menschen. www.kynos-stiftung.de

ISBN 978-3-938071-16-8

Das Werk einschließlich aller seiner Teile ist urheberrechtlich geschützt. Jede Verwertung außerhalb der engen Grenzen des Urheberrechtsgesetzes ist ohne schriftliche Zustimmung des Verlages unzulässig und strafbar. Das gilt insbesondere für Vervielfältigungen, Übersetzungen, Mikroverfilmungen und die Einspeicherung und Verarbeitung in elektronischen Systemen.

VORWORT

Wir haben lange am sonntäglichen Frühstückstisch gesessen und nach einem guten Titel für ein Buch nachgedacht, das darüber erzählen soll, wie wir uns das Vorbereiten eines Pferdes (und auch des Menschen!) für das Fahren vor der Kutsche vorstellen.

Es sollte nicht um die Beschreibung eines Weges gehen, wie und womit man es am schnellsten schafft, ein Pferd zum klaglosen Ziehen einer Kutsche zu bewegen. Nach meiner Erfahrung ist der schnellste Weg nämlich auch meist der kürzeste: Schnell wird das Pferd eingefahren (oder »angefahren«, wie es mitunter so schön in Verkaufsanzeigen heißt), schnell geht es vor der Kutsche, schnell wird es dem Besitzer übergeben, schnell sind Kutsche und Geschirr gekauft worden, schnell treten die ersten Probleme auf, schnell erkennt man, dass Fahren doch etwas heikler ist und schnell verstauben Kutsche und Geschirr im Unterstand oder landen im Internet.

Sie möchten Ihr Pferd also einfahren oder einfahren lassen, sonst hätten Sie dieses Buch wohl nicht gekauft. Vielleicht haben Sie ja auch Zweifel daran, ob die weit verbreitete Methode, das Pferd bei einem professionellen Fahrausbilder abzugeben und nach vier Wochen als »eingefahren« wieder abzuholen, wirklich die einzig richtige sein kann. Vielleicht ist Ihnen nicht wohl bei dem Gedanken, was

der Ausbilder in dieser Zeit überhaupt mit Ihrem Pferd machen wird und Sie fragen sich, ob Sie nicht selbst mehr dazu beitragen können, Ihr Pferd zu einem Fahrpferd zu machen. Sie können.

Sie können sogar nicht nur, Sie müssen! Schließlich sind Sie es, der oder die später im Alltag mit Pferd und

Kutsche zurechtkommen muss. Und Sie sind es, der oder die Ihr Pferd am allerbesten kennt. Ihre Aufgabe ist es, das Befinden des Pferdes immer wieder zu erkennen und an der Schulung und Nachschulung permanent zu arbeiten. Was also lag näher, als das Wort Schule zu verwenden, denn die Schule umfasst ja nun auch nicht nur ein Fach, nämlich das Ziehen der Kutsche, sondern ist sehr viel komplexer und bildet weit umfassender, so wie ich mir das auch beim Einfahren von Pferden vorstelle. Einfahren ist nicht nur eine Frage der Technik und der »Dressur«. Es ist eine komplexe Aufgabe, an die von verschiedenen Seiten herangegangen werden muss. Und auch die Sicherheit im Fahren mit Pferden hat nicht nur mit guter und sicherer Ausstattung zu tun, sondern vor allem mit der richtigen Vorbereitung des Pferdes auf die zukünftige Arbeit.

Dieses Buch möchte Ihnen Lust darauf machen, sich über diese Vorbereitung mehr Gedanken zu machen, als nur den Anmeldebogen beim Ausbilder auszufüllen. Vielleicht geht es Ihnen dann so wie den Lesern meiner Zeitschriftenserie zur Fahrausbildung im »Pegasus Pferdemagazin«, die folgenden Leserbrief an die Redaktion schickten: »… *Ich habe meinen Fjordwallach Delphi in den letzten Wochen genau nach der beschriebenen Verfahrensweise am Boden auf das Einfahren vorbereitet. Mit Hilfe von zwei Freunden haben wir Delphi auch mehrfach vor einer älteren Gig gehabt, aber noch nie hat jemand auf dem Wagen gesessen. Vorgestern brachte ich Delphi nun zum Einfahren zu einem Profi. Gestern bekam ich den Anruf von dem Herrn, dass ich mein Pferd im Grunde wieder abholen könne, denn es sei doch schon eingefahren!*«

Selten habe ich mich über einen Leserbrief so gefreut, denn er beschrieb das Idealziel, das ich auch mit diesem Buch gerne erreichen möchte: Bereiten Sie Ihr Pferd mit Sinn, Verstand und Geduld so gut Sie irgend können vor, suchen Sie sich dann sorgfältig wirklich kompetente Hilfe und praktizieren Sie das erste richtige Einspannen vor die Kutsche zusammen mit einem erfahrenen Fachmann oder einer erfahrenen Fachfrau. So wird das Fahren nicht zu einem schnellen, sondern dauerhaften Vergnügen – und zwar sowohl für Sie als auch für Ihr Pferd!

Viel Spaß in der Fahrschule!

ALSO SELBST EINFAHREN, ODER WIE?

Auf die Gefahr hin, dass ich mich schon gleich zu Anfang des Buches wiederhole: Dieses Buch gibt keine »Anleitung zum Selbermachen«, die Ihnen den teuren Profi-Fahrausbilder ersparen soll. Es geht um eine vernünftige Vorbereitung auf das erste Einspannen, die das wichtigste an der ganzen Fahrausbildung ist. Ob Sie danach für die »Endhandlung« des tatsächlichen Anspannens vor den Wagen einen erfahrenen Ausbilder zu Hilfe ziehen (wozu ich persönlich rate) oder es sich selbst zutrauen, bleibt Ihnen überlassen. Sie werden gegen Ende des Buches Ihr Urteils- und Beobachtungsvermögen in Bezug auf Ihr Pferd hoffentlich genügend geschärft haben, um das entscheiden zu können.

Aus den Augen, aus dem Sinn ...
Wenn man ein Auto in die Reparatur gibt, so kann man sich in aller Regel darauf verlassen, dass die Meister in der Werkstatt ganz sicher wissen, was zu tun ist und sich auch bewusst sind, dass sie mit ihrer Arbeit ein gerüttelt Maß an Verantwortung für Ihre Sicherheit als Autofahrer tragen. Wird die Arbeit in der Hinterhofwerkstatt gemacht, können Sie da eventuell gar nicht so sicher sein. Was wird geschehen, wenn die Bremsen nicht so ganz fachkundig instand gesetzt worden sind?

Im Gegensatz zur Reparatur der Bremsen, für die der Autohersteller ganz klare Anweisungen herausgegeben hat, ist die Ausbildung oder Korrektur eines Fahrpferdes nicht ganz so klar und daher wohl auch nicht so einfach.

Beinahe jeder Ausbilder (oder jeder, der sich für einen hält) hat da seinen eigenen Weg. Niemand sagt Ihnen, ob dieser Weg der richtige ist oder ob der Weg dieses Ausbilders, der in vielen anderen Fällen so wunderbar funktioniert hat, auch bei Ihrem Pferd der angemessene ist. In vielen Fällen gibt es bei den Auftraggebern, also den Pferdebesitzern, sogar ganz bewusst die Entscheidung, das Pferd bei einem Profi abzugeben und möglichst gar nichts von dem, was da geschieht, wissen zu wollen – bis das Pferd dann funktionierend zur Abholung bereit steht.

Dieses Abgeben der Verantwortung, das Verlassen auf einen anderen, das Einspannen und Fahren konsumieren zu wollen, um dann stereotyp und ohne Gedanken verschwenden zu müssen fahren zu können, ist meiner Meinung nach eine echte Unsitte. Viele, zu viele Fahrschulen und Fahrlehrer vermitteln ihren Anvertrauten den Eindruck, dass mit dem Abgeben des Pferdes zum Einfahren und dem sturen Einhalten alles Erlernten aus dem Fahrunterricht einer glücklichen Fahrerzukunft nichts im Wege stehen wird.

Aber das Pferd ist eben nicht nur der Antriebsmotor für einen Wagen. Es ist ein Lebewesen, das eine völlig

neue Aufgabe lernen soll, die zudem noch in vielen Punkten seinen ureigensten Verhaltensweisen und Instinkten völlig widerspricht:

Pferde sind Fluchttiere. Vor einen Wagen gespannt zu sein, widerspricht vielen ihrer natürlichen Instinkte. Umso geduldiger müssen wir ihnen ermöglichen, diese neue Aufgabe ohne Angst erlernen zu können.

- Pferde als Fluchttiere dulden nichts Fremdes hinter sich, weil sie diesen Bereich nicht gut genug einsehen können. Wir verlangen von ihnen, dass sie einen ihnen völlig fremden, sich bewegenden Gegenstand hinter sich sofort willig akzeptieren.
- Pferde haben Angst vor unbekannten Geräuschen. Wir verlangen von ihnen, dass sie das Klappern und Rattern eines Wagens als selbstverständlich hinnehmen.
- Pferde als Fluchttiere sind stets auf freie Rundumsicht bedacht, um ihre Umgebung beobachten zu können. Wir ziehen ihnen Kopfstücke mit Scheuklappen an.
- Pferde als Fluchttiere legen Wert auf das Gefühl, bei Gefahr jederzeit fortlaufen zu können. Wir spannen sie in eine enge Schere ein und hängen ihnen einen hinderlichen Gegenstand – die Kutsche – an.
- Pferde sind Herdentiere. Wir nehmen es aus seiner vertrauten Umgebung, von seinen Stall- und Weidekumpeln weg und geben es zum Ausbilder in eine fremde Umgebung.

Und nun soll es all das, was seinen angeborenen Verhaltensweisen so sehr widerspricht, innerhalb kürzester Zeit lernen. Was meinen Sie, sind das ideale Voraussetzungen zum Lernen? Aber es funktioniert doch so, sagen Sie jetzt vielleicht, dann kann es ja so falsch nicht sein.

Ja, es funktioniert auch tatsächlich erstaunlich oft, weil Pferde sehr lernfähig sind. Und ganz einfach deshalb, weil sie gutmütig sind und es uns gerne recht machen möchten. Eigentlich sehr erstaunlich. Wenn man es recht bedenkt, ist es überhaupt unglaublich, was diese uns kräftemäßig so sehr überlegenen Tiere eigentlich völlig wider ihre Natur von uns mit sich machen lassen. Sollten wir da nicht versuchen, ihnen als kleine Gegenleistung das Zusammensein mit uns und das Erlernen neuer Aufgaben für unsere Zwecke so angenehm wie möglich zu machen? Auf das Einfahren bezogen, bedeutet das: Kein vierwöchiger Crashkurs in Sachen Einfahren unvorbereitet und in fremder Umgebung mit der Erwartung, hinterher ein zuverlässiges und williges Fahrpferd zu haben!

> **FAHREN IST WIE DAS ECHTE LEBEN
> – LERNEN EIN LEBEN LANG.**

Aber nicht nur solche ethischen Gesichtspunkte sind mir wichtig. Es geht auch um Ihre Sicherheit. Fahren ist keine ungefährliche Angelegenheit, wie die Unfallstatistiken zeigen. Für die grässlichen Kutschenunfälle, von denen man regelmäßig in Pferdezeitschriften liest, sind fast immer zwei Hauptgründe verantwortlich: Erstens Ausrüstungsmängel am Geschirr bzw. technische Mängel an der Kutsche (leider viel öfter der Fall, als man denkt) und zweitens Ausbildungsmängel des Pferdes.

Was Sicherheit in punkto Geschirr und Wagen angeht, so werde ich in diesem Buch nur am Rande darauf eingehen. Dies ist ein Thema für sich, das Sie auch anderswo nachlesen können, zum Beispiel in meinem Buch »Fahren ohne Schlips und Kragen«.

Was die Ausbildung des Pferdes angeht, so sind wir schon mitten im Thema. Lassen Sie mich einmal zusammenfassen, was für mich die wichtigsten Punkte in der Fahrausbildung sind:

• Eine korrekte Einschätzung der psychischen und physischen Befindlichkeit des Pferdes. Was kann man ihm als nächsten Lernschritt zutrauen, ohne es zu überfordern oder gefährliche

Abwehrreaktionen hervorzurufen? Und: Ist das Pferd überhaupt als sicheres Freizeit-Fahrpferd tauglich, mit dem man sich in Feld und Wald und in den Straßenverkehr begeben kann?

- Ein logisches, durchdachtes und schrittweises Vorgehen in der Ausbildung: Wenn Sie genug Zeit darauf verwenden, ein wirklich solides Fundament zu bauen und sich am Anfang viel Zeit lassen, wird es später umso schneller gehen. Warum soll nicht auch für das Fahren gelten, was für das Reiten oft gesagt wird: Wenn du viel Mühe auf die ersten Schritte verwendest, bekommst du die weiteren irgendwann geschenkt.
- Ein gutes Verhältnis zwischen Ihnen und Ihrem Pferd
- Die psychische Vorbereitung auf das Fahren und die weitere Begleitung
- Aufbau von Kraft und Kondition als körperliche Vorbereitung

In der Welt des Fahrens mit Pferden gibt es aber ein Phänomen, das mir nicht in den Kopf will: Sämtliche Innovation (oder besser: Neuentdeckung), die sich in Sachen Ausbildung während der letzten Jahrzehnte rund um das Reiten oder die sonstige Beschäftigung mit dem Pferd von Bodenarbeit über Zirkuslektionen abgespielt hat, gilt für den Bereich »Fahren« scheinbar nicht. Im Reiten wurden und werden Ausbilder und Methoden zunehmend – wenn auch immer noch viel zu wenig – hinterfragt. Auch, wenn man vielleicht

---

WER WAR ACHENBACH?

BENNO VON ACHENBACH, 1861-1936, ENTWARF EINE STANDARDISIERTE FAHRLEHRE, DIE AUF DER DAMALS IN ENGLAND ÜBLICHEN FAHRWEISE BERUHTE. SEIN ZIEL WAR, DAS FAHREN INSGESAMT SICHERER ZU MACHEN, INDEM MAN DEN FAHRERN EINE EINHEITLICHE UND LOGISCHE AUSBILDUNG ANGEDEIHEN LIESS. EINER DER GRUNDGEDANKEN WAR, DAS EIN- UND ZWEISPÄNNIGFAHREN BEREITS VON ANFANG AN SO ZU LEHREN, DASS ZUM SPÄTEREN MEHRSPÄNNIGFAHREN NICHT UM-, SONDERN NUR DAZUGELERNT WERDEN MUSSTE. SEIN 1922 ERSCHIENENES BUCH »ANSPANNEN UND FAHREN« BILDETE DIE GRUNDLAGE FÜR DIE TURNIERORDNUNG IM FAHREN, DIE BIS HEUTE BESTAND HAT. ACHENBACH WURDE FÜR SEINE VERDIENSTE IM FAHRSPORT GEADELT.

letzten Endes erkennt, dass die wirklich guten Ausbilder – egal, aus welcher Sparte der Reiterei sie stammen – letzten Endes irgendwie doch alle nach den gleichen Grundsätzen arbeiten.

Aber sobald es um das Fahren geht, wird nichts hinterfragt: Man zitiert Benno von Achenbach und seine Fahrlehre. Punkt. Wer mein Buch »Fahren ohne Schlips und Kragen« schon gelesen hat, kennt meine Ansicht dazu: Ich habe gar nichts gegen das Achenbach-'sche Fahrsystem. Ich habe nur etwas dagegen, wenn man Vorschriften unreflektiert hinnimmt, ohne sich zu fragen, ob sie in dieser Situation oder in der heutigen Zeit überhaupt sinnvoll sind.

Ich habe mich mittlerweile daran gewöhnt, dass scheinbar die meisten Fahrer, die ihren Achenbach gelesen haben und auch anwenden, die Intention der Achenbach'schen Fahrlehre leider nicht verstanden haben. Er brachte eine Neuerung in das Fahren mit Pferden, und ich denke, dass es im Sinne jeden Neuerers ist, wenn auch nach seinem Ableben weiter an der Entwicklung gearbeitet wird.

Das Achenbach-System ist für mehrspänniges Fahren ausgelegt. Viele der Vorschriften sind beim einspännigen Fahren wenig sinnvoll.

Auch der Fahrer muss in die Fahrschule

Damit wir uns aufgrund meiner Kritik an der Achenbach'schen Fahrweise, die heute in Deutschland immer noch einzige Grundlage für die offiziell von der FN abgenommenen Fahrabzeichen ist, nicht falsch verstehen: Ich möchte Ihnen keinesfalls den Besuch eines Fahrkurses (nach Achenbach) in einer anerkannten Fahrschule ausreden. Im Gegenteil! Auch Sie haben, wenn Sie Neuling im Fahren sind, viel zu lernen, und das geht nicht nur nach einem Buch. Einmal in der Praxis selbst anspannen oder ein Geschirr unter Aufsicht auseinander- und wieder zusammenbauen ist besser als noch so häufiges Nachlesen der richtigen Reihenfolge beim Auflegen des Geschirres, und wie fest der Bauchgurt sein muss, lässt sich auch besser erfühlen als erlesen. Gewinnen Sie selbst Sicherheit an den Fahrleinen, bevor Sie Ihrem eigenen Pferd zuhause Sicherheit vermitteln möchten.

Ich möchte Sie aber dringend dazu ermutigen, viele der Dinge, die man Ihnen im Fahrkurs nahe legt, zu überdenken und zu hinterfragen, anstatt sie einfach nur hinzunehmen. Fahren ist nicht damit getan, die Technik der richtigen Leinengriffe zu üben. Fragen Sie, warum etwas so ist wie es ist und geben Sie sich nicht mit der Antwort »Das steht so im Achenbach« oder »Das macht man eben so« zufrieden. Ein guter Lehrer wird Ihnen eine Begründung liefern können. Vielleicht entdecken Sie, dass das ein oder andere nur eine Stilvorschrift ist, die Ihnen bei Nichtbeachtung auf dem Turnierplatz Punktabzug einbringt und die Sie deshalb für Ihre Fahrpraxis zuhause getrost vergessen können. Vielleicht gibt es aber auch eine sicherheitsrelevante Erklärung für das ein oder andere Detail, das Ihnen zunächst sinnlos erscheinen mag. Denken Sie einfach mit!

Machen lassen: Anschirren und Fahren lernt man nur, indem man es tut und nicht, indem man nur zuschaut. Wird in Ihrem Fahrkurs auch das Einstellen und Auflegen des Geschirrs mit jedem Teilnehmer intensiv geübt?

Ist ein Fahrkurs sinnvoll?

Ein Fahrkurs ist eine gute Investition in die eigene Sicherheit. Zum sicheren Fahren gehört genau wie zum sicheren und pferdegerechten Reiten ein kompetenter Unterricht. Leider ist es aber allgegenwärtig, dass viele Fahrkurse dem Fahrlehrer in allererster Linie als Einnahmequelle dienen – das Ziel, den zukünftigen Freizeitfahrer adäquat vorzubereiten, verfehlen leider viele.

Hier einige Tipps, wie Sie eine passende und kompetente »Fahrschule« für Ihre Bedürfnisse finden können:

- Geschirrkunde: Es nutzt kaum einem Fahrschüler in der späteren Praxis, wenn er nur gelernt hat, das Geschirr auf das Fahrschulpferd zu legen. Nur wenn Geschirre zerlegt und dann wieder passend zusammengebaut und eingestellt werden müssen, kann man sinnvoll und nachhaltig »begreifen«.
- Kutsche und Wagen: Auch in der Fahrschule ist es notwendig, dass die zukünftigen Fahrer einmal die Einstellprozedur eines Wagens auf das Pferd üben! Nur die selbst gemachten Erfahrungen wirken nachhaltig. Genauso ist es sinnvoll, schon in der Fahrschule die später nötigen Wartungsarbeiten wie Fetten und Abschmieren oder die Kontrolle der Schraubverbindungen und die Inspektion der Kutsche zu üben.
- Praktisches Fahren: Fahren lernt man, indem man es tut. Auch Millionen Stunden vor dem Fahrlehrgerät werden Sie nicht zu einem Fahrer machen. Fragen Sie deshalb nach der Anzahl der praktischen Fahrstunden im Kurs – 5 oder 6 Fahrstunden reichen vielleicht zum Bestehen der Prüfung, machen Sie aber noch lange nicht zum Fahrer. Und wenn Sie später doch nur einspännig fahren wollen? Fragen Sie, ob eine individuelle Kursplanung für Sie möglich ist!
- Warum und weshalb? Etikette und Stil werden bei manchen Fahrlehrern sehr, sehr hoch gehalten. Nichts dagegen, solange es Sinn macht. Es sollte nur niemals Selbstzweck sein!
- Legen Sie eine Fahrprüfung ab. Im Falle eines Unfalles ist der Nachweis der Fähigkeit zum Führen eines Gespannes durch die bestandene Prüfung fast ein Muss.

Denken Sie daran: Kein ernstzunehmender Fahrlehrer wird Ihnen böse sein, wenn Sie im Vorfeld gezielt viele Fragen stellen. Denn so kann auch er sicher sein, dass sich der Kursteilnehmer gut aufgehoben fühlen wird!

DER BESUCH EINES FAHRKURSES IST IN JEDEM FALL SINNVOLL. ABER LASSEN SIE IHREN EIGENEN VERSTAND EINGESCHALTET.

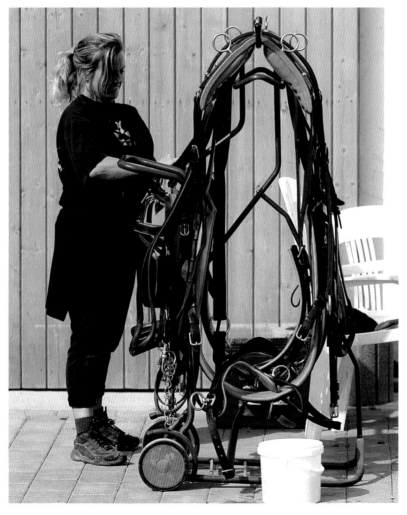

Wo gehört was hin? Ist ein Geschirr am Pferd für den Anfänger schon verwirrend, so sind die vielen Riemen zu Boden erst einmal völlig unübersichtlich. Eine gute Idee für den Fahrkurs: Die Schüler das Geschirr auseinander- und wieder zusammenbauen lassen.

ÜBER DAS LERNEN BEI PFERDEN:
EIN WENIG THEORIE

Das Lernen unterliegt bei allen Säugetieren bestimmten Gesetzen, und zwar immer den gleichen. Sie sind für Menschen genauso zutreffend wie für Hunde, Katzen oder Pferde.

Überhaupt ist so ein Pferd gar nicht so weit von uns Menschen entfernt: Wir sind beide Wirbeltiere, beide sind wir Säugetiere, wir leben beide auf dem Land, sind warmblütig, leben in Familien und Gruppen, laufen weg, wenn Angst aufkommt, wenn Probleme und Schwierigkeiten in Sicht kommen, finden es normal, wenn sich Alte, Kranke und Schwache aus der Gruppe verabschieden, stehen sehr oft mit zu vielen Individuen auf zu engem Raum und fressen, obwohl wir sehen, dass der Vorrat begrenzt ist, die Wiese bis auf den blanken Boden ab, ohne darüber nachzudenken, wovon wir wohl morgen satt werden sollen – meinen Sie nicht, dass wir uns verdammt ähnlich sind? Pferde sind auch nur Menschen!

»Hilfen« oder »Kommandos«?

Aber ganz im Ernst: Der Mensch ist sicher nicht die Spitze der Evolution, und nichts und niemand hat ihm je das Recht gegeben, die Welt in der heute geschehenden Weise zu vergewaltigen. Mach dir diese Welt untertan? Genau diese Ansicht ist es, die noch heute in so vielen Formulierungen der Reiterwelt aktuell und erhalten ist. Das Pferd funktioniert oder es funktioniert nicht; man gibt ihm Hilfen, man dressiert.

Wenn man die Bedeutung der Worte ein wenig durchdenkt, wird man bald feststellen, dass daraus kein Kompliment für unser Verhältnis zum Pferd erwächst. Nehmen wir uns doch mal die Vokabel »Hilfe« für die Betrachtung vor: Wenn ich jemandem Hilfe anbiete, dann hat er doch sicher die Möglichkeit, diese von mir angebotene Hilfe anzunehmen oder aber sie abzulehnen. Vielleicht ist die Hilfestellung, so wie wir sie aus dem Turnunterricht aus der Schule noch alle kennen, etwas näher am Pferdebild: Um in den Genuss der Hilfestellung im Turnunterricht zu kommen, musste ich zuerst einmal den freien Entschluss gefasst haben, mich auf die Laufstrecke zum Pferdsprung zu bewegen und es musste meine Absicht und mein Wille sein, über das Turnerpferd zu springen. Der Bewegungsablauf musste mir in den Grundzügen klar sein und ich musste versuchen, ihn so nah wie möglich an meinem geistigen Bild ablaufen zu lassen. Für den Fall und nur für den Fall, dass mir das nicht

gelingen konnte, war Verlass darauf, dass der Turnlehrer kräftig zu-
griff und so einen Sturz und Schmerzen für mich verhinderte. Nur,
weil ich dem Turnlehrer vertraute und weil ich den Willen hatte, über
das Pferd zu springen, konnte ich überhaupt in den Genuss einer
möglichen Hilfe gelangen. Die Hilfe des Turnlehrers bestand dann
in der Tatsache, dass mich seine körperliche Kraft und sein Zupa-
cken von Schaden bewahrten und mir zum anderen die Illusion ga-
ben, den großen Teil des Pferdsprunges alleine bewältigt zu haben.

Wie weit ist die »Hilfe« im üblicherweise praktizierten Fahren hier-
von entfernt! Alle Hilfen sind ganz klar als Kommandos zu verstehen und das, was wir nur zu oft vom Pferd erwarten, ist ein
Kadavergehorsam. Genau dies erwarten wir Menschen im Umgang
mit dem Pferd viel zu oft und beim Fahren insbesondere.

Schauen wir uns einmal an, welche Faktoren sowohl beim
Mensch als auch beim Pferd das Lernen neuer Aufgaben und Fer-
tigkeiten eher behindern und welche es fördern.

Fördernd auf das erfolgreiche Lernen wirken:
• Motivation
• Aussicht auf Belohnung
• Gesteigertes Selbstbewusstein durch Erfolgserlebnisse
• Schrittweises Vorgehen, sodass jeder Schritt leicht bewältigt
  werden kann
• Häufige Wiederholung

Hinderlich für erfolgreiches Lernen sind:
• Mangelnde Motivation
• Aussicht auf Strafe
• Frustration durch häufige Misserfolge
• Überforderung
• Zeitdruck

Dies ist so weit naheliegend. Aber haben Sie unter diesen Ge-
sichtspunkten einmal darüber nachgedacht, wie Pferdeausbildung
so häufig vonstatten geht?

Ist es nicht in der Regel so, dass vom Pferd irgendetwas erwartet
wird, und dass es sehr rasch bestraft wird, wenn es das Erwartete
nicht tut? Nehmen wir das weit verbreitete Problem des Stillstehens
am Putzplatz.

Der Mensch bindet ein Pferd an und erwartet, dass es ruhig stehen bleibt. Niemand hat dem Pferd aber erklärt, dass Stehenbleiben

nun seine Aufgabe ist. Also bewegt es sich vielleicht einen Schritt. »Steh!« ruft der Mensch, aber das Pferd weiß nichts mit diesem Wort in diesem Zusammenhang anzufangen. Es hört nur, dass der Mensch ärgerlich klingt und wird deswegen etwas nervös. Es spannt seine Muskeln an. Schlägt vielleicht mit dem Kopf, macht noch einen Schritt. »Steh endlich!«, ruft der Mensch, diesmal deutlich entnervter und ruckt am Anbindestrick. Das Pferd ist verwirrt. Was ist hier los? Der Mensch ist sauer, aber worüber? Der Stress wächst auf beiden Seiten. Schon bald ist die Situation »Anbinden am Putzplatz« für das Pferd sehr negativ besetzt – dies ist ein Ort, an dem es immer Ärger gibt, und Putzen ist blöd.

Was glauben Sie, wie oft Pferde gar nicht verstehen, was wir von ihnen wollen? Ein von mir sehr geschätzter

Motivation: Hat Ihr Pferd Spaß an der Arbeit mit Ihnen? Kommt es freiwillig, wenn Sie es auf der Koppel rufen?

Ausbilder, ein echter alter Pferdemann aus der Camargue, sagte mir einmal:

> »ES GIBT NUR ZWEI GRÜNDE, WARUM EIN PFERD NICHT DAS MACHT, WAS ES SOLL: ENTWEDER IST ES ZUR AUSFÜHRUNG KÖR-PERLICH NICHT IN DER LAGE ODER ES HAT NICHT VERSTANDEN, WAS MAN VON IHM WILL.«

Punktum. Und ich bin sicher, dass dies bis auf ganz wenige Fälle echter Problempferde, die vielleicht sogar bewusst aggressiv gegen den Menschen vorgehen, auch stimmt.

Also: Machen wir dem Pferd verständlich, was wir von ihm wollen. So einfach, klar und deutlich, dass es uns auch verstehen kann. Und belohnen wir dann als Nächstes, wann immer es geht, die richtige Reaktion, anstatt die falsche zu bestrafen. Denn Belohnung motiviert, Strafe frustriert – auch wenn das Ergebnis äußerlich betrachtet vielleicht sogar gleich aussieht. Dies gilt für das Einfahren genauso wie für alle anderen Bereiche der Pferdeausbildung.

Aber nicht nur die Frage, ob am Ende eine Belohnung oder eine Strafe wartet, ist entscheidend, sondern auch die Art und Weise, wie uns etwas Neues vermittelt wird, trägt dazu bei, ob wir uns beim Lernen wohlfühlen oder nicht.

Ein Beispiel?

Nehmen wir an, Sie möchten tanzen lernen. Sie haben keine Ahnung vom Tanzen. Der Tanzlehrer zieht sie auf die Tanzfläche und verlangt, dass Sie einfach mit ihm mittanzen. Einen Foxtrott. Er macht irgendwelche Schritte, Sie treten ihm auf die Füße. Er zieht und schiebt Sie hierhin und dorthin, Sie wissen gar nicht, was Sie machen sollen. Sie verkrampfen und versteifen sich. Die Situation ist Ihnen furchtbar unangenehm. Sie halten sich für unbegabt und hoffen nur, dass es bald vorüber ist. »Sie sind ja total unmusikalisch,« sagt der Tanzlehrer. Vermutlich war dies die letzte Tanzstunde Ihres Lebens!

Gescheiterte Kommunikation: Das Pferd weiß nicht, was es tun soll. Es ist unsere Aufgabe, ihm verständlich zu machen, was wir von ihm erwarten.

Ein guter Tanzlehrer aber wird Ihnen zuerst in Ruhe den Grundschritt erklären. Vor, zurück, seitwärts. Und jetzt Sie. Nur diese eine Bewegung. »Toll,« lacht der Lehrer Sie an, »Sie machen das gut! Und jetzt mit Musik.« Und so weiter … Schritt für Schritt tasten Sie sich an die neue Aufgabe heran, Sie erarbeiten sich selbst den neuen Tanzschritt, anstatt gezerrt und geschoben zu werden. Sie haben ihn verstanden. Es war Ihre Entscheidung, Sie haben aktiv gelernt.

Und das Pferd? Kann es sich entscheiden? Wird es nicht auch meistens mit diversen Hilfsmitteln, die es für uns beherrschbarer machen, hierhin und dahin geschoben und gezogen? Kommt es meistens nicht nur deshalb unseren Wünschen nach, um irgendeinem unangenehmen Druck auszuweichen, den wir auf es ausüben? Kann dieses Lernen ihm Spaß machen?

Nun mögen Sie vielleicht einwenden, dass es doch hier nicht die

Frage ist, was dem Pferd Spaß macht und was nicht. Mag sein. Aber selbst wenn es Ihnen egal ist, ob Ihr Freizeitkamerad am gemeinsamen Tun mit Ihnen auch Spaß empfindet oder nicht (mir persönlich verdirbt es den Spaß, wenn ich das Gefühl habe, mein Pferd macht nur widerwillig gezwungen mit) – dann bedenken Sie: Unter angenehmen Umständen Erlerntes sitzt auf die Dauer besser und zuverlässiger als unter Zwang Gelerntes!

Das Timing macht´s

Wir möchten also das Pferd für die richtige Ausführung einer Aufgabe oder Teilaufgabe belohnen, um es zum weiteren Lernen zu motivieren. Aber wie?

Nachlassen eines unangenehmen Drucks ist zwar auch eine Belohnung, aber keine, die wirklich motiviert. Oder motivieren Sie ein Kind zur Lösung einer Matheaufgabe, indem Sie es an den Ohren ziehen und erst dann damit aufhören, wenn es die Aufgabe richtig gelöst hat? Viele »Pferdeflüsterer«, die angeblich so gewaltfrei sind, tun aber genau das: Sie jagen Pferde im Kreis um sich herum, um sie anschließend mit der »Ruhe« belohnen zu können. Man kann auch ein Pferd einfach vor einen Autoreifen spannen und es ihn solange im Galopp hinter sich herschleppen lassen, bis es aufgibt und stehen bleibt und hoffen, dass der nachlassende Druck dann Belohnung genug sein wird. Meinen Sie, dass dies zufriedenstellend funktionieren wird? Ich nicht.

Belohnen Sie Ihr Pferd also wirklich aktiv und nicht nur, indem Sie etwas Unangenehmes fortnehmen. *Kommunizieren Sie mit Ihrem Pferd.* Sagen Sie ihm, wenn es etwas gut gemacht hat. Eine solche Belohnung kann Futter sein, muss es aber nicht unbedingt. Viele Pferde blühen auch bei einem lobenden Wort ihres Menschen oder einem freundlichen Kraulen schon sichtlich auf. Wobei ich die Meinung vertrete, dass ein Leckerwürfel für eine gute Leistung schon einmal drin sein sollte!

Bei allen Belohnungen ist aber eines wichtig: Sie muss zeitlich so unmittelbar auf die Handlung folgen, die wir belohnen möchten, dass das Pferd auch beides miteinander verknüpfen kann. Dies ist ein ganz wichtiges Grundgesetz des Lernens! Wenn Sie das Pferd für das brave Ziehen der Schleppe belohnen möchten, dann nutzt es nichts, wenn Sie ihm die Möhre geben, nachdem Sie es wieder angehalten haben. Denn so unglaublich es klingt – sonst belohnen Sie das Anhalten, und nicht das Ziehen! Die Möhre hilft ihm nicht dabei, das Ziehen zu lernen, sondern es lernt lediglich: »Wenn ich stehen bleibe, gibt es ab und zu eine Möhre. Bleib ich doch mal öfter stehen!«

Was also tun? Wir brauchen ein Überbrückungssignal, um uns etwas Zeit zu verschaffen, bis wir die tatsächliche Belohnung (sei es Futter, Kraulen oder Ausspannen und ab zum Füttern in den Stall oder zu den Kumpels auf die Wiese) verabreichen können. Dieses Signal geben wir exakt in dem Moment, in dem die von uns erwünschte Leistung gezeigt wird, also z.B. genau dann, wenn das Pferd auf Ihr von hinten kommendes Stimmkommando »Hüh!« nach vorn im Schritt losgegangen ist. So teilen Sie ihm mit, dass das, was es gerade in diesem Moment getan hat, richtig war: »Gut so, Belohnung dafür kommt gleich!«

Oh je, der Mann meint Clickertraining, stöhnen Sie jetzt vielleicht. Stimmt. Das Clickertraining genießt unter Pferdeleuten ganz zu Unrecht den Ruf, nur eine harmlose Spinnerei zu sein, mit der man allenfalls Zirkuslektionen einüben kann und bei der man das Pferd ständig mit Leckerlis voll stopfen muss. Aber die wenigsten, die es so lauthals kritisieren, haben sich je mit den Lerngesetzen befasst, die dahinterstehen, sondern sehen nur den Knackfrosch, der dieses komische klickende Geräusch macht. Und das ist schade, denn genaugenommen braucht man zum Clickertraining noch nicht einmal einen Clicker. Das Clickgeräusch ist halt deshalb so besonders gut geeignet, weil es sehr kurz und markant ist und vor allem immer gleich. Es klingt nicht je nach Laune anders, so wie unsere Stimme. Aber für unsere Arbeit des Einfahrens tut es auch ein anderes Überbrückungssignal, das folgende Kriterien erfüllen muss: Es muss so kurz sein, dass es das gewünschte Verhalten auch punktgenau markieren kann und es muss vom Pferd gut wahrnehmbar sein. Sie könnten zum Beispiel auch einfach das Wort »fein« dafür nehmen – oder, noch kürzer – »ja«. Nun weiß das Pferd ja aber nicht automatisch, was dieses »ja« bedeutet, nämlich: Jetzt gibt es eine Belohnung. Das kann es aber lernen, nämlich durch Wiederholung. Sagen Sie also immer »ja« und geben sofort ein Leckerchen, und das jeweils etwa zehnmal, mehrere Tage lang hintereinander. Sie werden bald merken, dass Ihr Pferd schon bald erwartungsvoll die Ohren spitzt, wenn es »ja« hört. Jetzt haben Sie ein Wort, mit dem Sie die Kommunikation mit Ihrem Pferd auch auf Entfernung – zum Beispiel vom Kutschbock aus – viel effektiver gestalten können. Damit es seine Wirkung behält, muss auch später möglichst jedes Mal wirklich eine Belohnung darauf folgen. Sonst ist es irgendwann nur noch ein Wort unter vielen anderen, die das Pferd tagtäglich hört!

Wenn Sie weiter in dieses faszinierende Thema einsteigen möchten, empfehle ich Ihnen eines der im Anhang genannten Bücher.

Für unsere Zwecke ist es aber schon sehr dienlich, wenn wir uns merken:

* Das Pferd lernt schneller, wenn wir es möglichst oft belohnen.
* Die Belohnung bzw. das Überbrückungssignal für die nachfolgende Belohnung in Form von Futter oder Streicheln oder Beenden der Arbeit muss exakt im richtigen Moment kommen.
* Schwierige Aufgaben in mehrere Einzelschritte zerlegen wie einen Tanzschritt und jeden Zwischenschritt belohnen.

Das Prinzip des Clickertrainings: Das Pferd lernt, ein bestimmtes Geräusch mit einer Belohnung zu verknüpfen. Nach genügend vielen Wiederholungen weiß es: Dieses Geräusch bedeutet »Bingo, das war richtig! Belohnung folgt!«

Wiederholung und ortsgebundenes Lernen

Neu Erlerntes verfestigt sich nur durch Wiederholung und Übung, und zwar durch viel Übung. Das ist auch beim Einfahren nicht anders. Planen Sie genügend Zeit dafür ein. Nur, weil Ihr Pferd sich das Geschirr zweimal hat klaglos anziehen lassen, heißt das noch nicht, dass diese Lektion sitzt. Wiederholen Sie oft, aber langweilen Sie Ihr Pferd auch nicht unnötig.

Wichtig zu wissen ist auch, dass Lernen bei Tieren häufig orts- und situationsgebunden stattfindet: Wenn ein Hund zuhause im Wohnzimmer brav »Sitz« macht, heißt das noch lange nicht, dass die gleiche Übung auch draußen auf dem Feld funktioniert, wenn Ihnen ein anderer Hund entgegenkommt. Man muss also »Sitz« in vielen verschiedenen Situationen und mit sich langsam steigernden Ablenkungen üben, bis es in jeder Lebenslage sitzt.

Dieses Prinzip können wir uns auch für die Fahrausbildung zunutze machen, und zwar je nachdem, was wir gerade erreichen möchten:

So ist es sinnvoll, das Fahren vom Boden aus, bei dem Sie mit den Fahrleinen in der Hand hinter dem Pferd hergehen, nicht nur auf der umzäunten Wiese oder dem Reitplatz zu üben, sondern später auch mit einem Helfer im Gelände. Sonst kann es sein, dass diese Arbeit zwar auf dem Platz gut funktioniert, draußen im Straßenverkehr aber überhaupt nicht. Und was lässt Sie dann hoffen, dass es vom Kutschbock aus besser sein könnte?

Auch umgekehrt lässt sich das Prinzip zunutze machen: Möchten wir üben, dass das Pferd zum Anspannen vor den Wagen ruhig stehen bleiben soll, dann ist es sinnvoll, dies zumindest anfangs konsequent immer am gleichen Ort zu tun. So machen wir uns das ortsgebundene Lernen zunutze, denn das Pferd weiß schon bald: An dieser Stelle ist immer Stillstehen angesagt. Denn es stimmt schon, Pferde sind Gewohnheitstiere!

Angeborenes kontra erlerntes Verhalten: Desensibilisierung

Wir haben in Kapitel eins schon kurz gesehen, in wie vielen Punkten das Ziehen einer Kutsche den natürlichen, angeborenen Verhaltensweisen des Pferdes widerspricht. Die angeborenen Verhaltensweisen müssen also durch Lernen zwar nicht überdeckt, aber kontrolliert oder kanalisiert werden.

Dies betrifft insbesondere die Desensibilisierung gegenüber Umwelteinflüssen und -geräuschen, die normalerweise den Fluchtinstinkt beim Pferd ansprechen. Oder anders gesagt: Das Sicherheitstraining. Neben der Gewöhnung an Dinge wie Straßenverkehr und Menschen mit Regenschirmen oder Kinderwagen, wie sie auch für jedes Reitpferd wichtig sind, ist dies gegenüber den von hinten kommenden typischen Kutschengeräuschen und -bewegungen nötig. Wir werden im praktischen Teil noch näher darauf eingehen.

An dieser Stelle sei nur gesagt, dass es grundsätzlich zwei Möglichkeiten gibt, um ein Pferd an einen für es neuen, furchtauslösenden Reiz zu gewöhnen.

Das in der Verhaltensforschung sogenannte »Flooding« oder die Desensibilisierung.

»Flooding« (zu deutsch: Überflutung) bedeutet, dass man ein Tier einem Reiz in seiner vollen Stärke solange ohne Rückzugsmöglichkeit aussetzt, bis es sich daran gewöhnt hat. In der Pferdeausbildung wird dieses Prinzip manchmal als »Aussacken« oder »Auslappen« bezeichnet: Man bindet dem Pferd Stofffetzen oder Dinge wie klimpernde Blechbüchsen an (oder zieht ihm ein Fahrgeschirr an) und lässt es damit in einer Umgebung, in der es sich nicht verletzen kann (z.B. einem sicher eingezäunten Roundpen mit weichem Boden) alleine. Es tobt so lange, bis es irgendwann merkt, dass nichts geschieht, außer, dass es sich unnötig müde läuft. Diese Methode kann zwar funktionieren, birgt aber neben der offensichtlichen Verletzungsgefahr auch eine Menge Risiken: Wenn Sie Pech haben, erreichen Sie das Gegenteil von dem, was Sie möchten – das Pferd entwickelt erst recht Panik vor dem jeweiligen Gegenstand, denn Sie wissen ja: Unter Stress kann man nichts lernen. Möglicherweise ist auch sein Urvertrauen erheblich angekratzt und es wird künftig nur ungern an das Lernen neuer Aufgaben herangehen.

Sicherer und freundlicher ist die Desensibilisierung oder Methode der schrittweisen Annäherung, bei der man das Pferd nur so weit an den unangenehmen Reiz heranführt, wie es gerade noch ertragen kann. Dafür wird es belohnt, beim nächsten Mal wird ein weiterer Schritt in Richtung des furchtauslösenden Gegenstandes gemacht oder das Geräusch wird lauter. Rückzüge werden nicht bestraft (nach dem Motto: Du gehst da jetzt hin!), sondern ignoriert, aber jede Annäherung – und wenn es auch nur ein Zentimeter war) wird belohnt. So tastet man sich allmählich und vor allem sicher an die Problemlösung heran!

Unverzichtbar in der Grundschule eines Fahrpferdes: Durchdachtes und sorgsames Sicherheitstraining. Mit der Zeit lernt es immer schneller, auf neue Dinge nicht mit sofortiger Flucht, sondern mit vorsichtiger Neugier zu reagieren: Denn dafür wird es von Ihnen belohnt!

WICHTIG :

BEVOR SIE ZU EINEM NEUEN AUSBILDUNGSSCHRITT WEITERGE-
HEN, FRAGEN SIE SICH IMMER:

- IST DAS PFERD KÖRPERLICH UND GEISTIG IN DER LAGE, DEN
  VON MIR GEFORDERTEN SCHRITT ZU ERFÜLLEN? WENN NEIN,
  MACHEN SIE DEN SCHRITT EIN WENIG KLEINER ODER WIEDER-
  HOLEN SIE DIE VORHERIGE STUFE ÖFTER. VERLANGEN SIE NIE
  ZWEI NEUE DINGE AUF EINMAL.
- KÖNNEN SIE AN MIMIK UND KÖRPERSPRACHE IHRES PFERDES
  ERKENNEN, WANN ES ÜBERFORDERT IST? SCHULEN SIE IHRE
  WAHRNEHMUNG!
- BEGINNEN SIE KEINE ÜBUNG MIT DEM PFERD, WENN NICHT IN
  IHREM EIGENEN KOPF GANZ KLAR IST, WAS SIE MACHEN MÖCH-
  TEN UND WIE DIE ABLÄUFE DABEI SIND. UNSICHERHEIT ÜBER-
  TRÄGT SICH!
- IST MEINE FORDERUNG AN DAS PFERD VERSTÄNDLICH? WENN
  NEIN, WIE KANN ICH SIE IHM VERSTÄNDLICH MACHEN?
- SIND DIE ÄUSSEREN VORAUSSETZUNGEN SO, DASS DAS PFERD
  EIN ERFOLGSERLEBNIS HABEN KANN, ODER GIBT ES HINDERN-
  DE UMSTÄNDE (EINE ZU SCHWERE SCHLEPPE / EIN UNPASSEN-
  DES GESCHIRR)?
- KÖNNEN SIE DAS PFERD FÜR DIE RICHTIGE AUSFÜHRUNG SO
  BELOHNEN, DASS ES DIE BELOHNUNG MIT SEINEM VERHALTEN
  AUCH VERKNÜPFT? ODER KOMMT IHRE BELOHNUNG IMMER ZU
  SPÄT?

Ein- oder zweispännig einfahren?

Im deutschsprachigen Raum ist das Einfahren mit einem sogenannten »Lehrmeisterpferd« eigentlich die standardmäßige Aus-
bildungsform des Fahrpferdes. Das Pferd wird häufig nur ein wenig
an der Longe, dann an der Doppellonge gearbeitet, bevor man ihm
ein Geschirr anzieht, es vielleicht noch einen Schlitten ziehen lässt
und dann zusammen mit einem sehr erfahrenen und gut ausgebil-
deten Fahrpferd in eine Zweispännerkutsche spannt.

Dieses meist sehr ruhige und dominante Tier wirkt beruhigend auf
das zu Beginn aus dem Zug genommene und nur mitlaufende Jung-
fahrpferd.

Das auszubildende Pferd lernt recht schnell, dem erfahrenen
Fahrpferd zu vertrauen und auf dessen Reaktionen zu achten – und
nicht auf die des Fahrers. Genau hier liegt der große Nachteil der

Methode: In den allermeisten Fällen sind derartig ausgebildete Pferde auch weiterhin nur zweispännig zu fahren. Der kommerzielle Fahr-Ausbildungsbetrieb erreicht einen solchen Ausbildungsstand des Tieres in oft nur vier oder fünf Wochen.

Solche Pferde sind aber für ein entspanntes Freizeitfahren, wie ich es mir vorstelle, nicht ausreichend gebildet und weit genug.

Hinzu kommt etwas, das wir bereits weiter oben mit dem Beispiel der Tanzstunde beschrieben haben: Es macht einen großen Unterschied in der Motivation aus, ob man selbst etwas aktiv lernt, es sich praktisch erarbeitet, oder ob man passiv einem Prozess unterzogen wird, dem man nicht ausweichen kann. Sicher kann man ein Jungpferd neben einen kreuzbraven und erfahrenen großen und schweren Kaltblüter an die Kutsche spannen, der sich von dem Gehüpfe neben ihm gar nicht aufregen lässt und mit seiner Masse den »Kleinen« einfach mitzieht. Wird das so ausgebildete Pferd aber später motiviert alleine vor der Kutsche laufen? Oder wird ihm das Fahren nicht möglicherweise von Anfang an eher verleidet?

Auch lernt ein Pferd noch lange nicht dadurch das Fahren, indem es sich das von seinem Nachbarpferd »abschaut«. Zum exakten Kopieren eines Verhaltens sind allenfalls Menschenaffen fähig, aber keine Pferde. Sie lernen lediglich, dass Fahren nichts Gefährliches ist und etwas, das man als Pferd wohl ertragen kann. Nicht mehr und nicht weniger. Reicht uns das? Ich meine nein!

Das zweispännige Einfahren mit einem erfahrenen Lehrpferd ist hierzulande die am meisten verbreitete Methode. Sie hat aber fast nur Nachteile.

Die einspännige Ausbildung

Sie ist meiner Meinung nach besser geeignet. Hier versucht man nicht auf dem Umweg über ein zweites Pferd ein kooperatives Pferd zu erziehen, sondern das Pferd soll die anstehenden Aufgaben auf Grundlage einer eigenständigen Ausbildung alleine meistern.

Die Basis für das Fahren ist ein uneingeschränktes Vertrauen von Mensch zum Tier und vor allem umgekehrt! Sie muss schon lange vor Beginn der eigentlichen Fahrausbildung geschaffen werden. Führtraining, Arbeit über Bodenhindernisse und schließlich das Fahren vom Boden aus schaffen die notwendige Grundlage dafür. Kontinuierlich arbeitet man daran, Vertrauen beim Pferd zu schaffen und es allmählich auf Stimme und Signalworte zu konditionieren. Nur die Zeit lässt ein gutes Fahrpferd reifen! Zwar geht das Erlernen bei vielen Pferden recht fix, aber man darf nicht vergessen, dass bei Pferden genau wie bei Menschen nach dem Erlernen die Übung kommen muss, damit ein gesichertes und dauerhaft abrufbares Wissen gespeichert wird. Diese Arbeit ist zeitaufwändig, aber nur auf diese Art und Weise ist ein wirklich verlässliches Fahrpferd auszubilden.

Die einspännige Ausbildung ist zeitaufwändiger, schafft dafür aber Pferde, die von Anfang an selbstständig mitarbeiten und mitdenken müssen.

29

Fahren als Zusatzqualifikation

Pferde, die für das Freizeitfahren ausgebildet werden sollen, haben in den meisten Fällen zuvor schon eine solide reiterliche Ausbildung genossen. Oft wird die Zusatzqualifikation Fahren für ein Reitpferd gewünscht, wenn der nicht reitende Lebenspartner ins Hobby Pferd mit einbezogen werden soll oder wenn die Familie Zuwachs bekommen hat. Ich empfinde diese Basis für das Pferd als ideal. Wir brauchen bei einem solchen Pferd nicht bei null anzufangen, sondern können auf dem Vorhandenen aufbauen.

Auf ein kleines Detail sollten Sie jedoch unbedingt achten, wenn Sie Ihr Reitpferd einfahren möchten: Fast alle im Gelände gerittenen Pferde sind es gewohnt, auf dem rechten Seitenstreifen im weichen Gras neben dem Weg zu laufen oder auf der Straße ganz rechts am Rand zu gehen. Besonders Pferde, die dauerhaft oder zeitweilig ohne Hufschutz geritten werden, suchen von sich aus den Seitenstreifen.

Leider behalten sie diese an sich ja gute Gewohnheit aber auch bei, wenn sie vor eine Kutsche gespannt sind und berechnen nicht, dass sie jetzt ja seitlich viel breiter sind. Was, wenn Sie nicht vorher sehr gut aufgepasst haben, bestenfalls dazu führt, dass Sie seitlich durch die Büsche schrammen und schlimmstenfalls dazu, dass die Kutsche in den Graben kippt.

Wenn Sie ein Reitpferd einfahren, ist es also ratsam, das Laufen in der Wegmitte vorab explizit regelmäßig als Vorbereitung auf das einspännige Fahren zu verlangen und zu üben, damit die Gewohnheit »rechts laufen« durchbrochen wird.

Problematische Macht der Gewohnheit: Reitpferde sind es meist gewohnt, auf dem Seitenstreifen zu laufen. Als Fahrpferde müssen sie lernen, in der Wegmitte zu gehen.

Mein Pferd – ein Fahrpferd?

Ganze Züchtergenerationen versuchten einst, das Wunschpferd zu züchten, das im Militär als Reit- oder Zugtier Anklang fand (das Militär war der größte Abnehmer für Jungpferde!) und andererseits den stattlichen Karossier, der vom Adel und der Junkerschaft als angenehmes und respektables Zugtier akzeptiert werden konnte. Wir müssen uns darüber im Klaren sein, dass dieses Unterfangen der Pferdezüchter früher genau wie heute ein Hinterherhetzen nach der Mode und den Vorlieben des Zeitgeistes war, aber manchmal auch Erfahrungen den Wunschtyp des Pferdes prägten. Zu Zeiten von Achenbach war gerade das deutsche Warmblutpferd im Karossier-Typ angesagt, also ein Pferd mit hohem Halsaufsatz und hoher Knieaktion. Der Oldenburger und Holsteiner entsprachen damals diesem Typ. Fast alle deutschen Pferdezuchtgebiete taten sich in der Umsetzung dieses Kundenwunsches hervor, und die Auswahl an entsprechenden Pferden war groß. Besonders interessant ist sicher der Hinweis, dass in damaliger Zeit deutlich zwischen dem idealen Fahrpferd und dem Exterieur des geeigneten Reitpferdes unterschieden wurde. Heute wird das bei den Sportfahrern etwas anders gesehen. Der Gang des Karossiers, wie er damals beschrieben wurde, entspricht ziemlich genau dem, was heute noch die Friesen und viele Andalusier an Bewegung in der Schultergliedmaße zeigen.

Imposant: Fahrpferde für staatliche und herr- schaftliche Zwecke mussten immer auch repräsentativ sein.

Fahrpferde zum Repräsentieren

Der Wunsch der Kundschaft nach einem solchen Zugpferd entsprang allerdings nur anfänglich der Begründung einer besseren Eignung und später eher dem Wunsch, mit dem Gespann zu repräsentieren und zu renommieren. Man wollte eben angeben und demonstrieren, wie reich man ist, so wie heute mit einem teuren Auto. Dieser Wunsch scheint auch im heutigen Fahrerlager immer noch nicht ganz überwunden zu sein.

Heute ist bei den sportlich orientierten Fahrern der Leistungsgedanke im Vordergrund: Die gewünschten Pferde müssen leistungsbereit und fähig sein, anspruchsvolle Geländestrecken in angemessener Zeit absolvieren zu können, und sie müssen von ihrer Ausstrahlung her geeignet sein, die Anforderungen der Dressurrichter erfüllen zu können. Wer im großen Sport mitmachen will, braucht Pferde mit Vorwärtsdrang und vorwärtsstrebenden Bewegungen, eben Pferde mit hohem Blutanteil, mit denen Otto Normalfahrer im Umgang kaum zurecht kommt (kommen will), schon gar nicht, wenn er nicht die Zeit und das Personal hat, ein- bis zweimal pro Tag mit solchen Pferden zu arbeiten.

Das passende Pferd für den Freizeitfahrer

Für Freizeitfahrer (ein Begriff, den ich mit aller Vehemenz gerne kräftig aus der Ecke des Anrüchigen herauskatapultieren möchte) ist ein solches Pferd unbrauchbar und die Kriterien für das Sportpferd sind eher von untergeordneter Bedeutung.

Das Pferd des Freizeitfahrers wird oft in viel größeren zeitlichen Abständen vor den Wagen gespannt, und dennoch soll es ohne Stress den Wagen ziehen und Partner eines vergnüglichen Nachmittags sein. Damit das so funktionieren kann, muss das Pferd entsprechende Anlagen vom Ex- und Interieur her mitbringen. Nur wenn alles insgesamt stimmig ist, kann dieses Freizeitvergnügen über lange Jahre andauern. Ex- und Interieur sind dabei kaum voneinander zu trennen, denn für das Fahren fehlerhaftes Gebäude wird zu Problemen führen, die dann wiederum Auswirkungen auf das Gemüt und die Bereitschaft des Pferdes haben.

Es versteht sich eigentlich von selbst, dass ein für das entspannte Freizeitfahren geeignete Pferd brav, geduldig und mutig sein soll. Zwar kann man im Laufe der Ausbildung Geduld und Gehorsam trainieren und auch ein Pferd weitgehend auf Umweltreize desensibilisieren, aber das grundlegende Temperament werden wir nicht verändern können. Sehr ängstliche und schreckhafte Pferde werden niemals zu Pferden, die man als Freizeitfahrer sicher und verlässlich einspännig im Gelände fahren kann. Möglicherweise wäre ein solches Pferd bei einem Sportfahrer, der es in den Vierspänner einspannt und Dressurprüfungen fährt, sogar gut aufgehoben und würde durch seine schönen Gänge bestechen, aber wie bereits gesagt – für die meisten als Freizeitfahrer gelten andere Kriterien.

Nicht zuletzt müssen Sie auch für sich selbst definieren, wo Ihre Vorlieben liegen. Auch wo Sie wohnen ist wichtig. In der engen, gebirgigen und dicht besiedelten Schweiz ist das Fahren anders geartet als in der flachen und weiten Lüneburger Heide mit ihren endlosen Sandwegen. Sind Sie in einer Gegend wie der letzteren zuhause, kann auch ein temperamentvolleres Pferd sich schon einmal auf den langen Wegen »auslaufen«. Leben Sie im Mittelgebirge und bewegen sich bergauf, bergab an Straßen und Viehweiden vorbei und durch Ortschaften hindurch, brauchen Sie ein Pferd, das auch in schwierigeren Situationen ruhig bleibt.

Fahrpferde für den Turniersport brauchen ein gewisses Temperament und Leistungswillen, um in Prüfungen bestechen zu können. Sie brauchen aber auch einen Fahrer, der sie regelmäßig fordert und fördert, damit dieses Temperament nicht in die falschen Bahnen gelenkt wird.

Welches Fahrpferd für Sie das richtige ist, hängt auch von Ihren Vorlieben ab: Für jemanden, der gerne und regelmäßig schnell weite Strecken zurücklegt und ans Distanzfahren denkt, kann auch ein Vollblutaraber das ideale Fahrpferd sein.

Die meisten Freizeitfahrer, die nicht täglich viele Stunden auf dem Kutschbock verbringen, sind mit einem mittelgroßen Pferd einer typischen Robust- oder Gebrauchspferderasse in der Regel besser bedient. Ausschlag gibt aber immer das individuelle Wesen des Pferdes!

Das Exterieur

Alle suchen das perfekt gebaute und in den Gliedmaßen korrekt lehrbuchmäßig gestellte Pferd – und kaum einer findet es. Vielleicht liegt das ja auch nur daran, dass dieses Lehrbuchpferd nicht von der Natur, sondern von den Körkommissionen geschaffen wurde und deshalb so selten vorkommt? Egal – ein für das Fahren schlecht gebautes Pferd wird über kurz oder lang Probleme im Rücken und mit den Muskeln bekommen und beim nächsten Versuch zum Fahren unwillig reagieren. Je seltener man fährt, je geringer die Bemuskelung des Tieres ist, umso früher kann sich die Widersetzlichkeit zeigen. Dies wäre dann kein strafwürdiges Verhalten, sondern ein begründeter Hinweis auf Überlastung und somit den Selbstschutz des Pferdes. Leider wird so etwas oft falsch gedeutet und man beginnt mit der »Erziehung« oder gar »Korrektur« des Pferdes, ohne sich über die Ursache für die Widersetzlichkeit klar geworden zu sein. Sie erinnern sich an meinen Lieblingsspruch des französischen Pferdemenschen …

Auch Fahrpferde müssen im Rücken schwingen

Nicht nur beim Reitpferd, auch beim Fahrpferd ist der Rücken eine bedeutsame und störungsanfällige Körperpartie.

Anders als beim Reiten ist der ungeübte Freizeitfahrer vom Kutschbock aus aber weniger in der Lage, auf die Bewegung des Pferdes korrigierend Einfluss zu nehmen. Die Einflussnahme beschränkt sich auch bei denen, die sich nicht Freizeitfahrer nennen, oft leider eher auf ein Zerren im Pferdemaul als auf ein hilfreiches Regulieren. Ein Pferd, das für das Freizeitfahren taugt, muss im Schritt und Trab an der Hand ausgeprägt mit dem Rücken aufwärts schwingen.

Sollte Ihr Pferd von der Seite betrachtet nicht regelmäßig stehen, so ist für das Freizeitfahren eher eines tauglich, dessen Vorderbeine etwas rückständig stehen – zumindest ist es besser als ein vorständiges Pferd. Beim vorständigen Pferd neigt der Rücken schon von Natur aus eher zum »Durchhängen nach unten« als bei einem rückständigen Pferd, das stärker »unter sich« steht.

Selbstverständlich müssen Huf und Fesselstand in allen Fällen passend sein. Auch wäre mir eine eher steilere Schulter für das Fahrpferd lieber als eine zu flache. Aber im Leben ist es oft so, dass sich Verstellungen des Pferdes gegenseitig kompensieren. Alle Stellungskombinationen, die den Rücken nach oben verspannen, sind denen vorzuziehen, die den Rücken nach unten vorbelasten (zum Beispiel Schultergliedmaße vorständig – Beckengliedmaße rückständig).

Breite Brust und gute Ganaschenfreiheit
Die breite Brust ist nicht nur für eine gute Auflage des Geschirrs wichtig, sie verleiht dem Pferd auch einen sicheren Stand. Das Becken sollte entsprechend gebaut sein, damit eine gute und breite Unterstützungsfläche entsteht. Auch die sogenannte Ganaschenfreiheit ist von Bedeutung. Freizeitfahrpferde sollen ohne großartige Zügelarbeit in Anlehnung gehen können. Das können sie durch angemessene Bodenarbeit lernen, aber je leichter ihnen eine entsprechende Kopfhaltung durch ihre Anatomie fällt, umso einfacher ist eine entsprechende Ausbildung!

Fahrpferde sollen auf großem Fuß leben
Den Hufen des Fahrpferdes kommt eine besondere Bedeutung zu: Neben allen Anforderungen, die für einen guten Huf immer gelten, sollte das Fahrpferd lieber etwas größere Hufe mit besonders guter Hornqualität haben. Die Sohlenwölbung muss gut ausgebildet sein. Fahrpferde müssen leider fast überall viel auf hartem Boden laufen. Größere Hufe mit dazu passenden kräftigen Beinen ertragen dies erfahrungsgemäß besser als kleinere Hufe.

Fehlstellungen der Gliedmaßen und Hufe – wie hier eine zehenenge Stellung – sind zwar nicht zwingend, aber häufig eine Schwachstelle des Organismus. Bei Fahrpferden, die viel auf harten Böden laufen, muss daher besonderes Augenmerk auf die Vorbeugung gelegt werden. Sorgfältige Beobachtung und evtl. stoßdämpfende Beschläge sind wichtig.

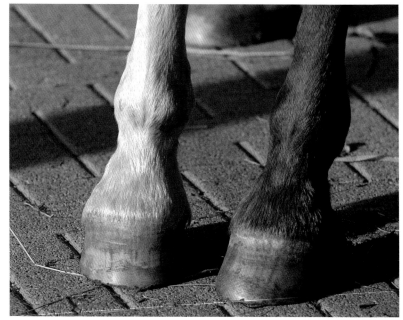

Schlussendlich wichtig ist aber auch die Beurteilung der Bewegung. Sind die Gliedmaßen von vorne und hinten betrachtet zumindest annähernd regelmäßig, so wird auch in der Bewegung die breite und große Fläche unter dem Pferd erhalten bleiben. Sehr viele Pferde zeigen aber keine geradlinige Gliedmaßenbewegung – zum Beispiel bewegen sie ein Bein im Kreisbogen um die stützende Gliedmaße – und so verengt sich der Abstand zwischen dem rechten und linken Bein in der Bewegung. Diese engere Gliedmaßenführung macht den Gang des Pferdes instabiler und die gesamte Stützmuskulatur muss im Zug mitarbeiten, um das Ausbalancieren zu unterstützen. Solche Pferde leiden schneller unter Muskelverspannungen und Muskelermüdung als andere. Mangelndes Training wird bei ihnen früher zu Widersetzlichkeiten führen.

Laufen auf zwei Hufspuren

Besonders wichtig ist Ihr Blick auf die Spurung des Pferdes. Das Pferd sollte von hinten und vorne betrachtet auf zwei Hufschlägen laufen, also ganz gerade gerichtet. (Dieser Fachbegriff ist vielleicht etwas missverständlich. Gemeint ist, dass das jeweilige linke Vorder- und Hinterbein und das rechte Vorder- und Hinterbein auf je einer Spur laufen). Sehr oft ist aber die Hinterhand zur Vorhand ein wenig versetzt. In extremen Fällen läuft das Pferd auf drei, manchmal sogar auf vier Hufschlägen. Dieser Versatz kommt durch eine Krümmung in der Wirbelsäule und wird sich im Zug noch weiter verstärken. Wenn sich die Vorwärtsbewegung für Ihr Auge auch nicht verändert, so ist trotzdem eine verschieden starke Ausprägung der Muskulatur der rechten und linken Körperhälfte vorhanden. Auch hier ist die Folge eine frühere Überlastung mit oftmals berechtigtem Aufbegehren des Pferdes.

Beim Vorführen an der Hand sollte das Pferd im Schritt und Trab eine ökonomische Vorwärtsbewegung mit gutem Raumgriff auf zwei Hufschlägen zeigen, wobei die Hufe deutlich Abstand zum Boden in der Vorwärtsbewegung bekommen sollten. Der Takt sollte völlig gleichmäßig sein – Pferde, die schon unbelastet ihre Hufe nur sehr flach über den Boden bewegen, werden bei nachlassender Kondition schleifenden Gang zeigen.

Recht interessant ist an dieser Stelle die Parallelität der Anforderungen an das Exterieur des Freizeitfahrpferdes zum Zuchtziel des klassischen Karossiers – nur der imposante Bewegungsteil »Knieaktion« fehlt noch.

Für das Fahren gilt noch mehr als für das Reiten: Positive Hochpunkte der Pferdebewegung schwächen sich im Zug sicher etwas ab, aber Fehler und Unzulänglichkeiten der Bewegung verstärken sich im Zug teilweise dramatisch: Koordinationsstörungen der Pferdebewegung kommen durch Konzentrationsstörungen und die wiederum durch Konditionsprobleme. Und das ist beim Freizeitfahren schneller zu erreichen als beim Freizeitreiten!

Auch Fahrpferde brauchen Gymnastizierung

Es ist leider ein alltäglicher Anblick, dass Fahrer mit Pferden unterwegs sind, die brettsteif sind. Dramatisch werden solche Beobachtungen bei Wendungen, vor allem Kehrtwendungen. Gar nicht oder gegen die Bewegungsrichtung gebogen werfen sich die Pferde roboterhaft herum. Vom Kutschbock kann man so etwas nicht verbessern – aber wozu gibt es denn den Reitplatz? Mit guter Hand- und Bodenarbeit lässt sich hier einiges verbessern!

So soll es sein: Auch vor dem Wagen biegt sich das Pferd schön in die Wendung.

Körperliche Vorbereitung des Fahrpferdes

Das wichtigste, was für ein gelassenes Fahrpferd zu erreichen ist, ist nicht mehr und nicht weniger, als dass es lernen muss, auf Neues und Unbekanntes von alleine ruhig und gelassen reagieren zu müssen. Die physische, also die körperliche Vorbereitung, muss parallel dazu betrieben werden, denn jegliche geistige Arbeit wird immer dann erschwert, wenn der Körper nicht mehr mitmachen kann. Die beiden Dinge gehören zusammen wie Topf und Deckel!

Das körperliche Training muss immer drei Komponenten abdecken:
• Kraft
• Kondition
• Beweglichkeit

Es wird auch oft so sein, dass Ihr Pferd Ihnen während des Körpertrainings anzeigt, dass es spannender wäre, nun etwas Neues zu lernen.

Der körperlichen Vorbereitung auf das Fahren kommt besondere Bedeutung zu. Bei einem bereits gerittenen Pferd ist das einfacher: Man kann zum Beispiel durch Klettern im Gelände die Rücken- und Hinterhandmuskulatur hervorragend kräftigen ...

... durch ausgedehnte lockere Trabreprisen im Gelände, die sich wie hier mit stärker versammelten Abschnitten abwechseln, die Ausdauer trainieren ...

... oder mit durchdachter Bodenarbeit für Beweglichkeit sorgen.

Wann droht Überforderung?

Zwei sehr große Probleme haben vor allem die Menschen, die mit wenig Erfahrung erfolgreich Kutsche fahren möchten:

1. Wie erkenne ich, ob ich mein Pferd über- oder unterfordere?

2. Was kann ich meinem Kutschpferd an Leistung abverlangen?

Ich möchte diese beiden Fragen gemeinsam behandeln, denn sie behandeln die gleiche Problematik.

In vielen Büchern über das Fahren wird in viel zu geringem Maße auf dieses Thema eingegangen. Sehr oft steht dort ganz lapidar, dass ein Pferd im Bergland fähig ist, sein eigenes Körpergewicht in Form einer Kutsche zu ziehen und im Flachland sogar noch mehr ziehen kann. Ich möchte nicht bestreiten, dass diese Aussage für trainierte Arbeitspferde oder im Training stehende Sportpferde zutreffend sein mag, sicher aber nicht für so manches eher schlecht trainierte Freizeitpferd.

Dass die Faustregel, vom Körpergewicht des Pferdes auf seine Zugleistung schließen zu können, für so manches Pferd nicht zutreffen kann, ist eigentlich einleuchtend. Oder macht es Sinn, wenn sich die übergewichtige Großtante für den nächsten Sonntag als Beifahrerin angesagt hat, das Pferd von nun an kräftiger zu füttern, damit es dann das Mehrgewicht zu ziehen vermag? Wohl kaum! Die Faustregel kann nur auf das gut trainierte und entsprechend genährte Pferd angewendet werden.

Die für Freizeitpferde schonende Regel heißt: Die maximale Zugleistung des Pferdes sollte für Kutsche und Passagiere bei maximal 90 Prozent des Pferdegewichtes liegen.

Training und Fütterung des Pferdes müssen aufeinander abgestimmt werden. Ist ein Pferd übergewichtig, so sinkt die Leistungsfähigkeit des Pferdes. Ein übergewichtiges Pferd ist schneller ermüdet und damit auch schneller überfordert.

Dieses Fjordpferd zeigt deutlich, dass ihm die Last zu schwer ist.

FAUSTREGEL ZUGLAST:

DIE MAXIMALE ZUGLAST SOLLTE INKLUSIVE KUTSCHE UND PASSAGIERE BEI HÖCHSTENS 90% DES PFERDEGEWICHTES LIEGEN – EIN NORMALGEWICHTIGES PFERD VORAUSGESETZT. FÜR EINEN DURCHSCHNITTLICHEN HAFLINGER MIT ETWA 450 KG KÖRPERGEWICHT WÜRDE DAS BEDEUTEN: MAXIMAL 360 KG BELASTUNG.

Über- und Unterforderungen sind die Ursache für sehr viele Probleme der Freizeitfahrer. Während unterforderte Pferde sehr schnell nach weiterer Beschäftigung suchen, unaufmerksam werden und somit wiederum problematisch für den Fahrer sind, beginnen überforderte Pferde sich zu widersetzten. Und das ist wohl auch ihr gutes Recht! Überforderung des Pferdes zeigt sich vor allem

1. Wenn das Pferd im Zug in starke Vorlage kommt
2. Wenn es immer wieder von sich aus die schnellere Gangart anbietet
3. Durch Versteifung des Rückens
4. Durch schleifenden Gang und Stolpern nach erbrachter Leistung
5. Durch stark steigende PAT Werte.

Puls, Atmung und Temperatur sind die sichersten Indikatoren zur Überprüfung. Dass ein Pferd außer Atem gekommen ist und eine stark erhöhte Puls- und Atemfrequenz zeigt, sollte kein Problem darstellen, solange die Werte schnell (das heißt in weniger als 10 Minuten) die Normalrate wieder erreichen. Schnelle Atemwerte entstehen in der Regel durch Fahren in schnellen Gangarten. Für den Fahrer unsichtbar schnellt aber der Kreislauf des Pferdes durch Kraftanstrengungen am Berg an. Sie können Ihr Pferd nur kennen lernen, wenn Sie sich ab und zu die Mühe machen und nach einer Leistungsanforderung anhalten und die entsprechenden Werte messen. Sind sie nach 10 Minuten nicht wieder in den Bereich der Normalwerte gesunken, haben Sie Ihr Pferd überanstrengt.

PAT NORMALWERTE IN RUHE:

PULS 28 - 40 HERZSCHLÄGE / MINUTE
ATEM 8 - 16 ATEMZÜGE / MINUTE
TEMPERATUR 37,5 - 38,2 °C

DIE WERTE SOLLTEN NACH 10 MIN. PAUSE WIEDER UNGEFÄHR IN
DIESEM BEREICH LIEGEN.

Im Zweifel bittet der verantwortungsbewusste Fahrer seine Fahr-
gäste, vor dem Anstieg das Pferd zu entlasten, indem sie per pedes
den Berg erklimmen, kein wirklicher Pferdefreund wird böse sein.

Nicht nur körperlich, auch geistig kann man ein Pferd überfordern. Überforderung bedeutet immer Stress! Vermeiden Sie solche Situationen durch möglichst kleine Lernschritte, die das Pferd gut bewältigen kann. Sie haben Zeit!

Die Ausbildung des Fahrpferdes

Die Ausbildung des Fahrpferdes beginnt ganz unspektakulär, nämlich zu Fuß. Was lapidar klingen mag, ist aber in der Realität leider
nur zu oft zu sehen: Sind Defizite in der Grunderziehung des Pferdes hinsichtlich Führenlassen in jeder Situation, Antreten und Anhalten auf Kommando oder längeres ruhiges Stillstehen vorhanden,
so werden sich diese in der folgenden Fahrausbildung bitter rächen
oder diese sogar unmöglich machen. Man kann ein Haus nur auf
ein stabiles Fundament bauen!

Beantworten Sie sich deshalb ehrlich selbst die folgenden Fragen, bevor Sie an eine weitere Stufe in Richtung Fahrausbildung
denken:

- Geht mein Pferd beim Führen ruhig und vertrauens-
  voll neben mir her, oder rempelt, drängelt und zerrt
  es am Strick?
- Bleibt mein Pferd auch am losen Strick und in fremder
- Umgebung ruhig längere Zeit stehen, ohne zu zappeln?
- Kann ich es jederzeit beim Führen ohne Ziehen am
  Strick anhalten und wieder ruhig antreten lassen?
- Kann ich es an allen Körperstellen berühren, auch
  mit einer Gerte abstreichen?

Führtraining

Seien Sie in diesen Dingen wirklich gründlich, es lohnt sich. Falls
Sie hier noch Dinge nachzuholen haben, denken Sie bitte an die
Grundsätze aus dem Lernkapitel: Belohnen Sie möglichst immer
das Richtige, anstatt das Falsche zu bestrafen. Und versuchen Sie
möglichst immer, das Pferd nicht mit Körperkraft am Strick irgend-
wohin zu ziehen (es ist sowieso stärker alsSsie), sondern geben Sie
ihm Gelegenheit, auf subtilere Signale zu reagieren und von selbst
das Richtige zu tun. Sie erinnern sich – das aktive und das passive
Lernen!

Hierzu ein Beispiel: Sie stehen in Führposition neben dem Kopf
des etwas unaufmerksam in die Gegend schauenden Pferdes und
möchten losgehen. Ein in jedem beliebigen Reitstall häufig zu
sehendes Bild ist nun, dass der Mensch ein oder zwei Schritte vor-

geht, das Pferd aber noch stehen bleibt. Jetzt spannt sich der Strick, der Mensch beginnt zu ziehen, dreht sich vielleicht sogar zum Pferd um, zieht weiter und sagt ärgerlich so etwas wie »Los komm schon«. Das Pferd macht den Hals lang, leistet einen Moment Widerstand, und wenn es gutmütig ist, geht es jetzt auch mit. Gelernt hat es aber nicht sehr viel. Im schlechtesten Fall lernt es sogar, dass man ein Seilziehen gegen Menschen spielend gewinnen kann.

Wie wäre es stattdessen hiermit:

Sie stehen in Führposition neben dem Kopf des etwas unaufmerksam in die Gegend schauenden Pferdes und möchten losgehen. Um das Pferd aufmerksam zu machen, bauen Sie selbst etwas Körperspannung auf, das heißt, Sie richten sich gerade auf, holen Luft und schauen in die Richtung, in die Sie losgehen möchten. Das alleine reicht schon, damit ein unverdorbenes Pferd sich fragt: »Was kommt jetzt?« Sie können das Pferd auch mit seinem Namen ansprechen und etwas am Seil zupfen, wenn es woanders hinschaut.

Sie beugen Ihren Oberkörper etwas vor, als ob Sie losgehen möchten, und geben Ihr gewohntes Stimmkommando zum Losgehen. Aber: Das Pferd muss den ersten Schritt nach vorn machen! Am Anfang können Sie Ihr Anliegen noch mit einem leichten Touchieren mit der langen Gerte an der Pferdeflanke unterstützen. Erst in dem Moment, wenn das Pferd das erste Bein zum Losgehen hebt, tun Sie es ihm gleich und gehen mit. Belohnen Sie es in genau diesem Moment mit »ja« und geben ihm seine Futterbelohnung, nachdem Sie es wieder angehalten haben.

Für das Pferd macht dies im Gegensatz zur vorher beschriebenen Situation einen großen Unterschied: Es ist von selbst gegangen, anstatt gezogen zu werden. Es hat gemerkt, dass man mit Ihnen kommunizieren kann und dass es sich lohnt, auf Sie zu achten. Es kooperiert. Und genau das brauchen wir beim Fahren immer wieder! Fördern Sie diese Eigenschaften, wann immer Sie die Gelegenheit dazu haben. Werden Sie sensibler in Ihrer Kommunikation mit dem Pferd, sei es am Putzplatz oder beim Abholen von der Weide.

Das Pferd soll lernen, selbstständig auf Kommando loszugehen: Stellen
Sie sich neben das Pferd und machen es aufmerksam.

Körperhaltung und Stimme fordern es deutlich zum selbstständigen
Vorgehen auf.

Erst, wenn das Pferd von sich aus den ersten Schritt macht, gehen auch
Sie los, nicht vorher!

Stillstehen üben

Mit dem Stillstehen haben viele Pferde Probleme – weil sie es nie richtig gelernt haben. Für das Fahren ist es aber besonders wichtig, denn bis wir alles Geschirr angezogen und den Wagen angespannt und schließlich auch noch selbst auf den Kutschbock geklettert sind, dauert es eine ganze Weile. Gut, sagen Sie jetzt vielleicht, aber im Fahrkurs lernt man doch, dass beim Anschirren immer mindestens ein Helfer anwesend sein muss, der das Pferd vorn am Backenstück festhält. Stimmt. Aber meinen Sie, man kann ein Pferd, das nicht stehen will, tatsächlich am Backenstück festhalten? Eher ist es doch so, dass der Helfer eine rein psychologische Wirkung ausübt. Stillstehen muss das Pferd trotzdem, und zwar so lange, bis wir ihm etwas anderes sagen. Wie übt man das?

Hier kommt es wieder einzig und allein darauf an, das Richtige im richtigen Moment zu belohnen, damit das Pferd versteht, was eigentlich verlangt ist.

Das bedeutet: Stellen Sie Ihr Pferd am langen und locker hängenden Führstrick auf den Übungsplatz. Stellen Sie sich frontal vor seinen Kopf, sagen »Steh« und halten Sie ihm die ausgestreckte Handfläche entgegen. Gehen Sie einen Schritt rückwärts. Belohnen Sie es mit Ihrem Überbrückungssignal (zum Beispiel »ja!« oder was immer Sie dafür ausgewählt haben), solange es noch stillsteht. Erst dann gehen Sie zum Pferd zurück und geben ihm seine Belohnung. Macht das Pferd einen Schritt nach vorn, bevor Sie es belohnen können, waren Sie mit Ihrem Überbrückungssignal nicht schnell genug. Vielleicht müssen Sie es beim ersten Mal schon nach nur ein oder zwei Sekunden Stillstehen geben. Bewegt sich das Pferd unerwünschterweise, bestrafen oder korrigieren Sie es dafür nicht, sondern ignorieren das einfach und beginnen noch einmal von vorn. So lernt das Pferd wie beim »Heiß und Kalt«-Spiel, worauf es ankommt und versteht, dass Stillstehen sich für es lohnt. Steigern Sie allmählich den Zeitraum, bis Sie das Überbrückungssignal geben, aber machen Sie nicht zu große Schritte, um keinen Misserfolg zu provozieren. Wiederholen Sie die »Steh«-Übung häufig und an verschiedenen Orten, auf einem umzäunten Platz können Sie es gerne auch ganz ohne Seil versuchen.

»Steh« wird zuerst am Seil und mit deutlicher Unterstützung durch Körpersprache geübt: Der Mensch verstellt den Weg. Das Stimmkommando kommt dazu. Wichtig: Belohnt mit dem Überbrückungssignal wird nur, solange das Pferd stillsteht!

Das Seil wird bei »Steh« immer unwichtiger …

… und kann schließlich ganz wegfallen. Wichtig: Auch Sie selbst müssen vorbildlich ruhig stehen und Ihre Belohnung muss im rechten Moment kommen!

Wenn diese Lektion nach vielen Wiederholungen gut sitzt, können Sie das Überbückungssignal mit der nachfolgenden Belohnung allmählich immer seltener verwenden und irgendwann ganz weglassen. Es war ja nur eine Lernhilfe. Weiß das Pferd, was »Steh« bedeutet, muss es nicht jedes Mal dafür belohnt werden, auch wenn ein gelegentliches Lob auch für scheinbar selbstverständliche Dinge natürlich die Motivation erhält!

Und noch etwas Wichtiges: »Steh« gilt solange, bis Sie etwas anderes sagen!

Stimmkommandos einführen

Die Mühe, Stimmkommandos einzuüben, lohnt sich aus mehreren Gründen: Zum einen ist es sehr komfortabel, allein mit der Stimme Einfluss auf das Pferd nehmen zu können, zum anderen erhöhen Sie auch die Fähigkeit des Pferdes, sich auf den Fahrer zu konzentrieren.

Im Laufe Ihres Führtrainings üben Sie nun auch schon die Stimmkommandos ein, die Sie später beim Fahren verwenden möchten. Es ist egal, was Sie sagen, Hauptsache, Sie sagen immer das gleiche und die Kommandos sind kurz, gut verständlich und auseinander zu halten. Sinnvoll sind Kommandos zum

- Antreten im Schritt, z.B. »Komm«, »Los« oder »Hüh«
- Antraben z.B. »Teerabb«
- Wechsel vom Trab in den Schritt , z.B. »Scheeeritt«
- Anhalten z.B. »Haaalt« oder »Hoooh«

»Hutz« und »Harr«: Holzrücker verständigen sich mit Ihren Pferden fast ausschließlich über Stimmkommandos. Nicht nur brave Kaltblüter können das lernen.

Wenn Sie möchten, können Sie auch noch Kommandos für rechts und links einführen. Vielleicht haben Sie schon einmal einem Kaltblüter bei der Holzrückearbeit im Wald zugeschaut und waren fasziniert davon, wie der Fuhrmann sein Ross nur mit seltsamen Zurufen wie »Hutz« oder »Harr« zwischen den Stämmen nach rechts und links dirigierte. Beim Holzrücken und bei manchen landwirtschaftlichen Arbeiten ist man auf diese Art der stimmlichen Kommunikation angewiesen, da das Pferd nicht mit zwei Fahrleinen geführt wird (das wäre im Wald viel zu unpraktisch und wegen der Gefahr des Hängenbleibens auch viel zu gefährlich), sondern nur mit einer einfachen, sogenannten Stoßleine.

Beim »normalen« Fahren braucht man eigentlich keine Rechts-Links-Stimmkommandos, denn Wendungen werden durch Nachgeben mit der äußeren Fahrleine eingeleitet (was natürlich voraussetzt, dass man zuvor Kontakt zum Pferdemaul hatte). Vielleicht kann Ihnen ein solches Kommando aber trotzdem eines Tages einmal nützlich sein, wenn Sie auf einem engen Waldweg feststecken und eine komplizierte Kehrtwendung fahren müssen. Oder Sie freuen sich einfach darüber, wenn Sie so effektiv mit Ihrem Pferd reden können. Es macht nämlich einfach auch Spaß!

STIMMKOMMANDOS MÜSSEN IMMER, WIRKLICH IMMER GLEICH SEIN UND KONSEQUENT BEIBEHALTEN WERDEN. DENKEN SIE SICH EINS FÜR JEDE GEWÜNSCHTE AKTION AUS UND BLEIBEN SIE DANN AUCH EIN FÜR ALLEMAL DABEI. MIT LANGEN SÄTZEN UND WECHSELNDEN VOKABELN KANN DAS PFERD NICHTS ANFANGEN UND ALLENFALLS AUS IHRER STIMMLAGE ZU ERRATEN VERSUCHEN, WAS SIE GERADE VON IHM MÖCHTEN.

Bei »Stimmkommandos« denke ich immer gerne an unseren Besuch im Außenstall des großen ungarischen Gestütes Mezöhegyes zurück: Der dortige Gestütswärter hatte alleine sicherlich um die siebzig Jungpferde zu versorgen, die gruppenweise in verschiedenen Laufställen, Paddocks und auf Koppeln untergebracht waren. Zum Füttern fuhr er mit einem schweren Warmblüter namens

»Luigi« durch die Pferdegruppen, stand dabei hinten auf dem Karren und gabelte unterwegs alle paar Meter einen Haufen Heu hinunter vor die hungrigen Mäuler. Die Fahrleine hatte er irgendwo weit von sich weg festgeknotet und steuerte seinen »Luigi« nur mit für uns unverständlichen ungarischen Kommandos nach rechts, links, geradeaus oder zum Stopp, mitten durch die anderen Pferde hindurch. Und »Luigi« machte nicht einen Fehler. Ein perfekt eingespieltes Team! Nun möchte ich Sie natürlich nicht ermuntern, ähnliches nachzumachen. Eigentlich ist es der pure Leichtsinn. Aber ab und zu tut es auch gut, einmal zu sehen, wie unvoreingenommen und unkompliziert man in Ländern, in denen Pferde noch zur Arbeit eingesetzt werden, mit dem Thema »Fahren« umgeht!

Generell sind Stimmkommandos zwar nicht zwingend nötig, um mit einem Pferd fahren zu können, aber sie vereinfachen die Sache ungemein. Warum sollten wir uns dieses Hilfsmittel entgehen lassen?

Stimmkommandos zum Wechseln zwischen den Gangarten, zum Antraben aus dem Halt oder zum Parieren in den Halt lassen sich am besten an der einfachen Longe einüben.

Verschiedene Führpositionen üben

Bevor Sie mit den Leinen in der Hand hinter das Pferd treten, um es »vom Boden aus zu fahren«, sollten Sie noch einen sehr hilfreichen Zwischenschritt einbauen: Gewöhnen Sie es an unterschiedliche Führpositionen.

Die norma-
le Führposi-
tion, mit der
alles beginnt:
Seitlich ne-
ben dem
Kopf.

Die meisten Pferde kennen es nur, dass der Mensch beim Führen links neben ihrem Kopf geht und sind verwirrt, wenn das sich plötzlich ändert. Die normale Reaktion wird sein, dass Ihr Pferd sich zu Ihnen umdreht, wenn Sie versuchen, hinter es zu treten. Das ist ja auch gut so und sollte nicht bestraft werden, denn Ihr Pferd sagt Ihnen damit: »Hej, wo bist du hin? Ich kann dich nicht mehr sehen! Was soll ich als Nächstes machen?« Einem Artgenossen das Hinterteil zuzudrehen, ist unter Pferden eine Drohgeste – »weg da, oder ich trete«. Eine Geste, die ein Pferd sich gegenüber einem ranghöheren Tier nie erlauben würde. Wir bringen es also gewissermaßen in einen Konflikt, wenn wir diese Position direkt hinter ihm einnehmen. Es ist ihm unangenehm, sozusagen peinlich, dem Chef den »Hintern zuzudrehen«. Außerdem sieht es direkt hinter sich nichts. Also müssen wir ihm zeigen, dass es in Ordnung ist und sich nichts an unserem grundsätzlichen Verhältnis ändert, wenn wir uns an verschiedenen Positionen befinden – mal weiter seitlich, mal weiter hinten.

Sie brauchen dazu einen 5-6 Meter langen Führstrick, normale Führstricke sind zu kurz. Stellen Sie das Pferd parallel an die Bande oder an einen Zaun und stellen sich auf Schulterhöhe des Pferdes, aber diesmal mit dem Pferd zugedrehten Oberkörper, sodass Sie auf das Pferd schauen. Die linke Hand hält den Führstrick, die rechte eine Gerte. Jetzt schicken Sie das Pferd mit dem schon eingeübten Kommando fürs Losgehen nach vorn, bleiben selbst stehen und geben Strick nach, bis das Pferd ein paar Schritte gemacht hat oder am Ende des Strickes angelangt ist. Dann halten Sie es wieder mit Stimme an.

Das Pferd lernt allmählich, auch dann weiter nach vorn zu gehen, wenn der Mensch seine Position weiter nach hinten verschiebt: Hilfreich dabei ist, wenn Sie Ihren eigenen Oberkörper parallel zum Pferd halten wie hier.

Ein Ohr vergewissert sich noch nach hinten: Soll ich wirklich ohne dich weitergehen? Vorbildliche Zusammenarbeit und »Mitdenken« vom Pferd!

Übung verstanden: Der Mensch kann nun auf Höhe der Hinterhand mitgehen und das Pferd von dort aus steuern. Ein wichtiger Schritt ist geschafft.

Das Pferd muss bei dieser Übung nun zum ersten Mal, wie später beim Fahren auch, ohne Ihre Begleitung am Kopf alleine nach vorne losgehen. Das ist ein wichtiger Schritt! Üben Sie ihn deshalb wiederholt und verlegen Sie Ihre Position ruhig auch einmal etwas weiter nach hinten. Achten Sie darauf, dass das Pferd möglichst gerade nach vorn geht. Deshalb die Bande, sie bietet zumindest schon einmal an einer Seite eine Begrenzung. Auf der freien Seite bietet Ihr nach vorn ausgestreckter Arm dem Pferd eine Begrenzung. Halten Sie das Pferd möglichst wieder an, bevor es zur Bahnmitte abbiegt. Auch hier ist also wieder Ihr Timing gefragt.

Diese Führübung eignet sich übrigens auch wunderbar, um ein Pferd von hinten in den Hänger zu schicken, es also alleine vorangehen zu lassen. Viele Pferde lassen sich mit dieser Technik sogar viel besser verladen als mit dem üblichen Vorangehen des Menschen.

Wo ist mein Mensch?

Viele unnötige Schwierigkeiten im Fahrerleben lassen sich außerdem vermeiden, indem man von Anfang übt, dass der Mensch sich an verschiedensten Stellen um das Pferd herum befinden kann und dass seine Kommandos gelten, egal, wo er gerade steht. Zum Beispiel seitlich neben ihm, hinter ihm, um es herumgeht oder wenn er irgendwo hochklettert. »Steh« ist immer noch »Steh«, auch wenn Sie dem Pferd nach anfänglicher Vorübung nicht mehr den Weg nach vorn versperren. Viele Pferde erschrecken, wenn der Mensch zum erstenmal schräg hinter ihnen einen Schritt nach oben macht. Dem kann man vorbeugend abhelfen! Bierkiste, Gartenbank oder Mauer: Ihrer Fantasie sind keine Grenzen gesetzt. Je besser Sie diese Kleinigkeiten trainieren, desto weniger Probleme werden Sie später beim Anschirren und Anspannen vor den Wagen haben. Viele Fahrer klagen zum Beispiel darüber, dass ihr Pferd von alleine losgeht, sobald sie einen Fuß auf den Kutschbock setzen. Auch die Wurzeln dieses Problems liegen viel früher in der Ausbildung zurück: Hat das Pferd wirklich gelernt, dass »Steh« immer und so lange gilt, bis ein Kommando zum Losgehen kommt? Üben Sie das am Führstrick, bevor Sie ans Anspannen denken! Im Idealfall sollte es so sein, dass Sie beim späteren Anspannen den Helfer am Kopf nicht mehr zum Festhalten des Pferdes, sondern nur noch zur Sicherung brauchen. Stehen soll das Pferd auch von alleine!

Bleibt Ihr Pferd auch dann zuverlässig stehen, wenn Sie hinten um es herumgehen? Eine wichtige Voraussetzung für das spätere Anspannen und Fahren!

Noch ein sinnvolles Detail: Das Pferd lernt, dass der Mensch auch mal irgendwo hochsteigt – wie später auf den Kutschbock – und es von da aus weiter »fernsteuert«.

Sicherheitstraining: Uns graut (fast) vor nichts!

Ergänzend zu den Führübungen sollten Sie, wenn dies nicht schon in der Ausbildung Ihres Pferdes zum Reiten geschehen ist, ein generelles Sicherheitstraining durchführen, um es mit Eventualitäten wie Regenschirmen, Kinderwagen, rollenden Bällen, flatternden Plastikplanen und natürlich dem Straßenverkehr vertraut zu machen.

Dabei überfluten Sie also, wie im Kapitel über das Lernen bereits besprochen, Ihr Pferd nicht mit Reizen, sondern gehen nach dem Prinzip der schrittweisen Annäherung vor. Überfallen Sie das Pferd nicht. Zeigen Sie ihm die Plastikplane, den Regenschirm oder was auch immer erst einmal von weitem. Dabei machen Sie es aber nicht durch vorbeugendes, vermeintlich beruhigendes Gerede erst recht argwöhnisch, sondern Sie gehen wie beiläufig und selbstverständlich in der Nähe des unbekannten Gegenstandes vorbei und schenken ihm keinerlei weitere Beachtung. Wählen Sie den Abstand anfangs so groß, dass Ihr Pferd keinerlei Angstreaktionen zeigt. Je nach Temperament können das fünf, aber auch fünfzig Meter sein. Wie zufällig gehen Sie immer näher heran. Irgendwann kommen Sie an einen Punkt, bei dem das Pferd innehält, stehen bleibt und die Nüstern bläht. »Das Ding da kommt mir komisch vor!« Jetzt tun Sie – nichts. Zwingen Sie das Pferd nicht weiter. Bleiben Sie ebenfalls stehen, atmen Sie ruhig weiter, lassen Sie den Führstrick locker und schauen Sie woanders hin. Tun Sie völlig unbeteiligt. Plane? Welche Plane? Ich sehe keine Plane … Falls Ihr Pferd zur mutigen Sorte gehört und von sich aus neugierig zur Erkundung des unbekannten Objektes ansetzt, dann lassen Sie es machen und loben es sehr dafür.

Wenn das Pferd einen Schritt zurück machen möchte, darf es das. Rückzug ist erlaubt, sofern er geordnet und nicht gerade über Ihre Füße hinweg stattfindet. Das Gefühl, weggehen zu können und nicht festgehalten zu werden, vermittelt dem Pferd Sicherheit. Sie werden feststellen, dass es bei der nächsten Runde schon einen Schritt näher an die Plane herangeht. Erst, wenn das Pferd bei einem bestimmten Abstand keine Angstreaktion mehr zeigt, fordern Sie es freundlich zur weiteren Annäherung auf: Leichtes Zupfen am Führstrick, eigenen Oberkörper nach vorn beugen und »Komm« oder was auch immer sagen. Macht das Pferd jetzt auch nur einen einzigen, andeutungsweisen Schritt nach vorn, loben Sie es sofort über den grünen Klee und drehen mitsamt Pferd seitlich aus der »Gefahrenzone« ab. Leckerchen wirken in dieser Situation Wunder. Gehen Sie eine Runde und kommen Sie wieder näher, diesmal noch ein Schrittchen mehr … Die Kunst dabei besteht lediglich darin, die Angstschwelle des Pferdes richtig einzuschätzen. Das gilt nicht nur für das Betreten der Plane, sondern auch für das Nebenherziehen, über den Rücken legen oder was auch sonst Ihnen einfällt. Gehen Sie nie so weit, dass Ihr Pferd wirklich panisch wird, sondern immer nur so weit, wie es gerade noch ertragen kann, loben Sie es für den kleinsten Fortschritt und übergehen Sie die Rückzieher einfach galant. Das Pferd wird nicht bestraft, wenn es rückwärts ausweicht. Lassen Sie es so lange rückwärts gehen, wie es möchte, und starten Sie dann in aller Ruhe einen neuen Vorstoß. Vielleicht erscheint Ihnen so viel Getue nun ein bisschen albern und Sie fragen sich, was wohl die Reiterkollegen von Ihnen denken mögen. Aber so unglaublich es klingt: Je kleiner Sie die Schritte am Anfang machen, desto größere bekommen Sie bald geschenkt!

Für Fahrpferde besonders wichtig: Die frühzeitige Gewöhnung an die seltsamsten Dinge, die sich neben oder hinter ihnen her bewegen und Geräusche machen.

Lassen Sie dem Pferd so viel Zeit, wie es braucht, um Mut zu fassen und näher, noch näher, ganz nah heranzugehen. Das können Minuten oder Tage sein. Lassen Sie falschen Ehrgeiz beiseite und beenden Sie das »Sicherheitstraining« immer mit einem Erfolgserlebnis.

Auch eine
schöne Vor-
übung: Der
mit leeren
Blechdosen
gefüllte
»Klapper-
sack«.

Falls nun ein kluger Fahrer- oder Reiterskollege Ihnen das oft zitierte Argument vorhält, diese Art des Trainings sei sinnlos, weil Sie das Pferd zwar vielleicht an blaue Plastikplanen gewöhnen würden, es bei der nächsten weißen aber scheuen wird und dass Sie das Problem allein über »Dominanz« und die »Position des Leithengstes« oder der »Leitstute« lösen müssen, weil nur die Leittiere in der Natur bestimmen, wann geflohen wird und wann nicht, dann können Sie ihm Folgendes entgegenhalten: Leider sind wir keine Pferde, und das wissen unsere lieben Tiere auch nur allzu genau. Da hilft kein Flüstern, kein Ohrenanlegen und kein sonstiger kläglicher Nachahmungsversuch der pferdischen Mimik: Pferde halten uns nach wie vor für Menschen. Dumme Sache. Nun ist natürlich an der Angelegenheit mit der Dominanz trotzdem etwas dran, nur wird die Theorie leider sehr oft missverstanden. »Dominant« ist nicht dasjenige Pferd, das die anderen pausenlos zähnefletschend und Hufunterseiten zeigend Disziplin und Ordnung lehrt, sondern dasjenige, das am besten für das Wohl der Gruppe sorgt. Es sind souveräne Tiere, die sinnvolle Entscheidungen zum Wohle aller treffen und die Zähnefletschen in der Regel gar nicht nötig haben. Sie sind deshalb autoritär, weil sie klüger, besonnener und erfahrener sind als die anderen. In diesem Sinne kann auch der Mensch wunderbar »dominant« oder »ranghoch« sein, indem er ganz einfach Führungsqualitäten zeigt. Und die zeigen sich sowohl gegenüber Mitarbeitern in der Firma als auch gegenüber dem Pferd nicht in harschen Drohgebärden und ständigem unter-Beweis-stellen der eigenen Stärke und Macht, sondern durch Ruhe, Kompetenz und Konsequenz.

Um sich diese Führungsrolle zuzulegen, gibt es viele Wege: Konsequenz (nicht zu verwechseln mit Härte!) im täglichen Umgang, viel Bodenarbeit in verschiedenen Führpositionen und eben solche Dinge wie unser Spielchen mit der Plastikplane, vorausgesetzt, man beachtet die Spielregeln!

Üben Sie in diesem Stadium auch, das Pferd an spätere Berührungen durch Zugstränge oder Fahrleine an den Flanken, über dem Rücken und an den Beinen zu gewöhnen. Nehmen Sie einfach Ihren bewährten langen Führstrick und lassen Sie diesen erst sachte, später immer deutlicher und unvermittelter an die Beine fallen, werfen Sie ihn quer über den Rücken, über die Kruppe, von unten an den Bauch und so weiter. Sprechen Sie mit Ihrem Pferd und belohnen Sie es vor allem, wenn es ruhig stehen bleibt! Regt es sich auf, sind Sie zu forsch vorgegangen und müssen die Aufgabe wieder einfacher machen. Geduld in diesen Kleinigkeiten zahlt sich aus!

Auch mit der Fahrpeitsche können Sie das Pferd erstmals vertraut machen, indem Sie es sanft am ganzen Körper damit abstreichen und daran schnuppern lassen. Niemals sollte es vor der Peitsche Angst haben! Sie ist kein Strafinstrument, sondern unser verlängerter Arm.

Auch an den Straßenverkehr gewöhnt man ein Pferd, sofern es ihn nicht schon vom Reiten her kennt, in aller Ruhe vom Boden aus.

Den Strick an die Beine fallen lassen: Eine Vorbereitung auf die spätere Berührung durch die Zugstränge.

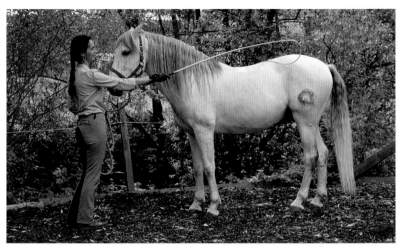

Gewöhnung
an die
Fahrpeitsche:
Können Sie
das Pferd an
allen Körper-
stellen damit
berühren und
sie über sei-
nen Kopf füh-
ren, ohne
dass es
Angst
bekommt?

Arbeit an der Longe und Doppellonge

Die Arbeit auf dem Zirkel an der Longe benötigen wir in Kürze, um das Pferd auch in Bewegung an das Geschirr gewöhnen zu können. Schließlich möchten Sie nicht ständig selbst nebenher traben. Kennt Ihr Pferd die Longenarbeit bereits, dann nutzen Sie sie nun noch einmal dazu, Ihre Stimmkommandos zu festigen, indem Sie viele Tempo- und Gangartenwechsel sowie das Anhalten und wieder Antreten auf Stimme hin üben. Streben Sie ein gleichmäßiges Vorwärts im Takt an: Es geht solange voran, bis Sie etwas anderes sagen!

Das Longieren mit der Doppellonge im Sinne einer Arbeit auf dem Zirkel halte ich entgegen allem, was hierzulande üblich ist, für verzichtbar bei der Ausbildung eines Fahrpferdes. Warum, das werde ich sofort begründen. Vorteile des Longierens mit der Doppellonge sind:

- Das Pferd gewöhnt sich an eine Führung mit zwei »Zügeln« bzw. Fahrleinen
- Das Pferd gewöhnt sich durch den Verlauf der äußeren Longe an Berührungen an der Hinterhand, wie sie später durch die Zugstränge stattfinden

Ersteres kennt Ihr Pferd entweder schon vom Reiten oder Sie können es ebenso gut mit dem »Fahren von Boden« üben, bei dem Sie hinter Ihrem Pferd hergehen.

Letzteres können Sie auch auf andere Art und Weise üben.

Der größte Vorteil der Doppellonge ist, dass man mit ihrer Hilfe sehr viel besser *gymnastizierend* arbeiten kann als an der einfachen Longe, weil man das Pferd viel besser stellen und biegen kann als mit der einfachen Longe und es in Biegungen mit der äußeren Longe »einrahmen« kann, sodass die Hinterhand nicht ausfällt.

Der größte Nachteil der Doppellonge ist, dass man erst einmal damit umgehen können muss. Den wenigsten Anfängern gelingt es, zwei lange Longen und eine Longierpeitsche in der Hand zu sortieren und dann auch noch präzise auf das Pferd einzuwirken. Die Fehlerquellen sind zahlreich, wenn Sie selbst nicht absolut firm im Umgang mit der Doppellonge sind und das Pferd dazu noch unerfahren ist.

Damit keine Missverständnisse aufkommen: Ich halte eine Doppellongenarbeit, wenn sie wirklich gut gemacht wird (das heißt, wenn der Ausbilder gezielt gymnastizierend arbeitet und nicht nur das Pferd um sich herumlaufen lässt), für sehr wertvoll. Das können aber nur Wenige. Was man in der Fahrpferdeausbildung gemeinhin sieht, ist eher ein normales Longieren auf dem Zirkel, nur eben mit zwei Longen anstatt einer. Das führt aber zu nichts!

Gekonnte Arbeit mit der Doppellonge ist ein hervorragendes Instrument zur Gymnastizierung des Pferdes – wenn man die richtige Technik beherrscht.

Die Ausbildung des Fahrpferdes

Wer ernsthaft gymnastizierend an der Doppellonge arbeiten möchte, dem sei ein Kurs bei einem guten Ausbilder empfohlen. Ohne wird es wohl nicht gehen, wenn Sie nicht sowohl sich als auch das Pferd in die Longen einwickeln und zu Fall bringen möchten. Ein gutes Buch zu diesem Thema ist zum Beispiel »Hohe Schule an der Doppellonge« von Philippe Karl.

Ich persönlich meine, dass ein durchschnittlicher Freizeitpferdebesitzer und Fahrer in spe weniger falsch machen kann, wenn er sein Pferd an der einfachen Longe arbeitet, ein gutes Führtraining am langen Strick macht und dann zur Arbeit am langen Zügel und/oder zum sogenannten »Fahren vom Boden« übergeht.

BEGRIFFSVERWIRRUNG: WAS IST DENN NUN WAS?

DOPPELLONGENARBEIT: DAS PFERD WIRD MIT ZWEI LONGEN IM KREIS LONGIERT, WOBEI VIELE VERSCHIEDENE VERSCHNALL- UND UMLENKMÖGLICHKEITEN ZWISCHEN GEBISS UND LONGIERGURT MÖGLICH SIND. DIE GRUNDSTELLUNG DES LONGENFÜHRERS IST IN DER ZIRKELMITTE, WECHSELT ABER JE NACH AUFGABENSTELLUNG AUCH EINMAL HINTER DAS PFERD.

LANGER ZÜGEL ODER »LANGZÜGEL«: DER REITER GEHT ENG NEBEN DER HINTERHAND DES PFERDES HER UND FÜHRT ES MIT EINEM ZÜGEL, DER OHNE UMLENKUNG IN UNGEBROCHENER LINIE VOM GEBISS ZUR HAND VERLÄUFT. DIE KÖRPERPOSITION DES FÜHRENDEN WIRKT ZUSAMMEN MIT DER ZÜGELAKTION LENKEND UND TREIBEND ODER BREMSEND AUF DAS PFERD UND ERLAUBT EINE SEHR PRÄZISE EINWIRKUNG.

FAHREN VOM BODEN: DER »FAHRER« GEHT IN EINIGEM ABSTAND DIREKT HINTER DEM PFERD UND FÜHRT ES MIT DER FAHRLEINE VOR SICH HER. ER BLEIBT AUCH IN WENDUNGEN HINTER DEM PFERD.

Die Arbeit am langen Zügel

Vielleicht erscheint es Ihnen ungewöhnlich, aber ich beziehe in meine Fahrausbildung neben der anfänglichen Arbeit an der Longe und dem »Fahren vom Boden« auch und vor allem die klassische Arbeit am langen Zügel mit ein.

Diese Art der Handarbeit wird vor allem der klassischen Dressur gerne zur Pferdeausbildung genutzt und hat dort einen hohen Stellenwert. In der Wiener Hofreitschule oder in der Königlich Andalusischen Hofreitschule von Jerez de la Frontera kann man sie in Perfektion bewundern. Reiter (oder vielmehr: Fußgänger) und Pferd zeigen die schwierigsten Lektionen der Hohen Schule – alle Varianten an Seitengängen, Galoppwechsel, Pirouetten, Piaffen und sogar Levaden und Courbetten – alles mit nichts weiter als einem paar einfacher Zügel.

Nun werden es wohl nur Wenige von uns schaffen, ihr Pferd am langen Zügel so weit zu fördern. Auch diese Art der Arbeit muss gekonnt sein und es dauert viele Jahre, bis man es darin zu Perfektion bringt. Die Grundzüge sind aber gar nicht so schwer zu erlernen und man hat meiner Erfahrung nach mit dieser Art der Arbeit ein hervorragendes Instrument zur Verfügung, um das Pferd allmählich an die Führung von hinten und mit zwei Leinen zu gewöhnen. Und das ist nicht schwieriger, sondern zunächst sogar einfacher als beim »Fahren vom Boden« – einfach, weil Sie näher am Pferd sind und mit Ihren Händen und Ihrer gesamten Körperposition noch deutlicher auf es einwirken können.

Meiner Erfahrung nach ist es in der Bodenarbeit logisch, nach dem Prinzip »von nah zu fern« vorzugehen.

Am langen Zügel können Sie durch Ihre Nähe zum Pferd noch mehr Hilfestellung geben als beim »Fahren vom Boden«, bei dem Sie ja einige Meter weit weg sind. Ich baue die Arbeit am langen Zügel deshalb als Zwischenschritt zwischen das Führtraining am Halfter und das Fahren vom Boden ein und gehe bei jeder neuen Lektion, die ich vom Pferd verlange, zunächst wieder zur »Nahstufe« zurück.

Wenn das Pferd das Kommando »Zurück« lernen soll, versuche ich nicht, ihm dies beizubringen, indem ich mich drei Meter hinter es stelle und an den Fahrleinen zurückzuziehen versuche. Das kann fast nur schiefgehen. Denken Sie an das Prinzip der kleinen Schritte und »nie zwei neue Sachen auf einmal«: Also mache ich es dem Pferd erst einmal leicht, indem ich mich frontal vor es stelle und am Halfter mit dem Kommando »Zurück« zurückschicke. Je öfter Sie das üben und je mehr das Pferd die Bedeutung des Wortes verstehen lernt, desto weniger Körpereinsatz brauchen Sie, um es zum Rückwärtsgehen zu bewegen. Klappt das am Halfter, versuchen Sie es aus anderen Führpositionen, dann am langen Zügel und schließlich an den Fahrleinen.

Das Grundprinzip ist, dass Sie dem Pferd immer weniger helfen und es immer selbständiger arbeiten lassen.

VON NAH ZU FERN

BEIM FÜHRTRAINING AN HALFTER UND STRICK SIND SIE VORERST NOCH VORN NEBEN DEM PFERDEKOPF UND GEWÖHNEN ES ALLMÄHLICH AUCH AN ANDERE FÜHRPOSITIONEN, IN DENEN SIE ETWAS WEITER ENTFERNT GEHEN ODER STEHEN.

BEI DER ARBEIT AM LANGEN ZÜGEL VERSCHIEBEN SIE IHRE POSITION NACH HINTEN NEBEN DIE HINTERHAND DES PFERDES UND HABEN NUN ZWEI ZÜGEL IN DER HAND.

BEIM FAHREN VOM BODEN GEHEN SIE IN 2 - 3 METERN ABSTAND HINTER DEM PFERD HER.

BEI DER ARBEIT AN DOPPELLONGE STEHEN SIE ZUMINDEST ZEITWEISE SOGAR IN DER ZIRKELMITTE UND LASSEN DAS PFERD 7 - 8 METER VON SICH ENTFERNT ARBEITEN.

SIE »NABELN« DAS PFERD ALLMÄHLICH VON SICH AB, INDEM SIE ES IMMER WEITER VON SICH WEGSCHICKEN UND SCHLIESSLICH SELBSTSTÄNDIG VORANGEHEN LASSEN.

VOM LEICHTEN ZUM SCHWEREN!

Das Prinzip »von nah zu fern« am Beispiel einer Kehrtwendung

Die Kehrtwendung wird erst an Halfter und Strick an der Bande geübt. Die Körpersprache unterstützt deutlich, der Mensch »schiebt« die Vorhand noch herum. Ziel ist, möglichst wenig mit der Hand einzuwirken.

Die gleiche Übung am langen Zügel, aber jetzt steuert der Mensch von hinten und ist weiter weg.

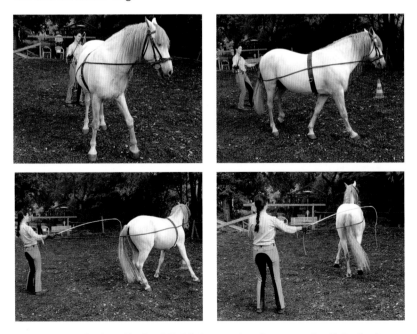

Fahren vom Boden: Und schließlich so, wie wir es vor der Kutsche brauchen!

Zur Arbeit am langen Zügel übrigens am Rande eine kleine erlebte Anekdote, die sehr schön illustriert, was ein gutes Fahrpferd ausmacht:

Es begab sich auf einem großen Pferdefest, einer Feria, in Andalusien, dass während einer Schauvorführung das Holzrad einer schönen historischen Gig mitten in einer Wendung komplett wegbrach. Das Holz war unter dem schönen Lack morsch und beim Restaurieren war schlechte Arbeit geleistet worden. Die Kutsche knallte also einfach auf einer Seite auf den Boden herunter. Vorgespannt war ein temperamentvoller andalusischer Hengst. Und was geschah? Dieses Pferd drehte die Ohren fragend nach hinten zu seinem Fahrer und blieb seelenruhig ohne einen Muckser stehen, bis die Passagiere wieder auf den Beinen waren, man sich vergewissert hatte, dass niemand verletzt war und die Zugstränge von den Resten der Kutsche gelöst hatte. Um die Galavorführung dennoch zu einem für die Zuschauer schönen Ende zu bringen, fasste der Kutscher nach dem Ausspannen die Fahrleinen und piaffierte, passagierte und paradierte im spanischen Schritt mit ihm aus der Arena heraus – zu großen Begeisterung des Publikums, das pfiff, trampelte und johlte.

Genauso stelle ich mir ein gut ausgebildetes Fahrpferd vor: Vom Boden aus so solide gearbeitet und geschult, dass das, was es gelernt hat, auch im Ernstfall vor dem Wagen unerschütterlich fest sitzt. Egal, ob es sich dabei um einen temperamentvollen andalusischen Hengst handelt, der im nächsten Moment piaffieren kann, oder einen Rheinischen Kaltblutwallach.

So soll es sein: Der temperamentvolle spanische Hengst lässt sich durch den unvorhergesehenen Zwischenfall nicht aus der Ruhe bringen und wartet geduldig …

… bis sein
Fahrer ihn
vom Boden
aus zeigen
lässt, wel-
ches Tempe-
rament ihn
ihm steckt.

Mit Recht sagen erfahrene Ausbilder, dass diese Arbeit am langen Zügel sehr anspruchsvoll ist und einer großen Portion Vertrauens zum Pferd bedarf, weil man sehr nah seitlich am/hinter dem Pferd steht und die Gefahr des Getretenwerdens größer ist als bei den anderen Formen der Bodenarbeit. Ich warne auch ausdrücklich davor, das Pferd einfach von der Wiese zu nehmen und es einmal zu versuchen. Bevor Sie es versuchen, muss das Pferd unbedingt schon mit Ihren verschiedenen Führ- und Standpositionen an Halfter und langem Strick vertraut sein. Außerdem brauchen Sie unbedingt die Fähigkeit, das Pferd, seinen derzeitigen Ausbildungs- stand und seine Reaktionen richtig einschätzen zu können. Aber genau das ist andererseits auch der Vorteil dieser Arbeit: Wenn Sie nicht so viel Vertrauen zu ihrem Tier haben, dass Sie nur mit schlechtem Gefühl eine Position so nahe an seiner Hinterhand ein- nehmen, dann muss man eigentlich sagen, dass von einem weite- ren Versuch der Ausbildung zum verlässlichen Fahrpferd besser abzuraten ist.

Das unbedingte Vertrauen zum Pferd ist die Voraussetzung, dass Ihr Pferd umgekehrt auch unbedingtes Vertrauen zu Ihnen aufbau- en kann!

Schon ein kleiner Zweifel an der Integrität des Pferdes lässt Ihren Körpergeruch und die Körpersprache in eine für das Pferd ver- ständlich Signale verwandeln: Dieser Zustand steht im Widerspruch zu Ihrem Wunsch, mit diesem Pferd zu fahren.

Natürlich ist die »Vertrauensfrage« nicht der einzige Grund, warum ich gerne am langen Zügel arbeite. Man kann damit ein Pferd zum einen ganz hervorragend gymnastizieren. Natürlich möchten wir es nicht bis zur Kapriole vor der Kutsche bringen. Aber Biegegymnastik durch Schulterherein am langen Zügel hat noch keinem Fahrpferd geschadet!

Die ersten Schritte am langen Zügel

Für die Arbeit am langen Zügel benötigen Sie ein gut sitzendes Trensenkopfstück oder – am Anfang noch empfehlenswerter, weil man dem Pferd nicht bei eigenen Fehlern versehentlich im Maul ruckt – einen Kappzaum oder ein Knotenhalfter sowie ein Zügelpaar, das so lang ist, dass es einmal um das ganze Pferd herumreicht plus einer Reserve von etwa einem Meter. Wenn der Zügel so lang ist, dass Sie das Ende in viele Schlaufen legen müssen, um nicht hineinzutreten, ist das eine unnötige Schwierigkeit und Gefahrenquelle. Bei kleineren und kürzeren Pferden sind meist einfache Schlaufzügel lang genug. Ansonsten können Sie vielleicht eine alte, defekte Longe auf das benötigte Maß kürzen oder mit einem griffigen Seil aus dem Baumarkt arbeiten, das Ihnen gut in der Hand liegt.

Ein Longiergurt ist nicht zwingend vonnöten, aber sehr hilfreich, weil er die Zügelführung stabilisiert und verhindert, dass Ihnen die Zügel versehentlich so weit zu Boden fallen, dass das Pferd hineintreten kann. Die Zügel müssen so durch die Ringe des Longiergurtes geschlauft werden, dass die Linie vom Maul bis zu Ihrer Hand möglichst ungebrochen bleibt

Die Grundposition für die Arbeit am langen Zügel. Beachten sie den Gleichschritt von Mensch und Pferd.

Die Grundposition für die Arbeit am langen Zügel: Der Ausbilder geht neben der Hinterhand des Pferdes und bemüht sich um Gleichschritt. Die eigenen Schultern sind parallel zu denen des Pferdes. In Ecken und Wendungen muss der äußere Zügel nachgeben, was sich fast automatisch ergibt, wenn man die innere Schulter zurücknimmt. Die innere Hand wird frei vor dem Körper getragen, die äußere liegt je nach Größe des Pferdes mehr oder weniger hoch auf der Kruppe und kann bei Bedarf leicht »anschieben«. Auch Verspannungen spüren Sie so sofort.

Wenn Ihre Vorarbeit mit den verschiedenen Führpositionen gut war, ist der Schritt, jetzt neben die Hinterhand des Pferdes zu treten und es von da aus zu steuern, nicht mehr groß. Trotzdem ist in dieser Phase ein Helfer nützlich, der am Kopf des Pferdes mitgeht. Er sollte das Pferd an einem zusätzlichen locker durch den Halfterring geschlauften Strick begleiten und sorgt dafür, dass es mutig und stetig vorwärts läuft. Die Signale zur Richtungsänderung werden schon jetzt nur von hinten gegeben, allerdings in Abstimmung mit dem Helfer am Kopf, damit dieser nicht von Wendemanövern des Pferdes überrascht wird und das Pferd verwirrt oder stört.

Wenn man das Gefühl hat, dass die Vorwärtsbewegung gesichert ist, kann sich der Helfer am Kopf aus dem Geschehen ausklinken. Dieser Moment ist wichtig, denn das Pferd muss nun akzeptieren, dass die Kommandos und Anweisungen ausschließlich von hinten kommen.

Für die ersten Schritte hilfreich: Ein Helfer am Kopf.

Der Helfer muss, nachdem er seinen Führstrick gelöst hat, nach vorne ausweichen, das heißt seinen Schritt beschleunigen, ohne ins Laufen zu geraten. Bleibt er einfach nur stehen, wird das Pferd vermutlich auch stehen bleiben, geht er nach innen weg, wird das Pferd ziemlich sicher nach innen folgen. Das Beschleunigen des Helfers bei gleichzeitig konstanter Geschwindigkeit des arbeitenden Pferdes gibt dem Pferd genug Zeit, nachzudenken und die Situation zu verstehen. Weitere kleine Schlangenlinien und Wendungen ohne Handwechsel sollten sich anschließen, wobei Sie auch auf Ihre eigene Körperhaltung achten müssen. Drehen Sie in Wendungen Ihren Oberkörper immer deutlich in die Richtung, in die Sie gehen möchten.

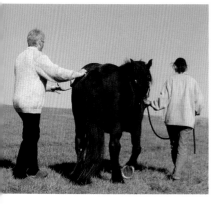

Wie später beim Fahren auch führen Sie das Pferd nicht in eine Wendung, indem Sie an der inneren Leine ziehen, sondern indem Sie zuerst an der äußeren Leine nachgeben und die innere dann um das gleiche Maß verkürzen. Ohne das Nachgeben außen kann das Pferd sich nicht in die Kurve biegen und Sie fordern eine Widersetzlichkeit heraus.

Es ist unbedingt darauf zu achten, dass sich das Pferd nicht umzudrehen versucht. In solchen Fällen ist es ratsam, dass der Helfer ohne Zügel, aber weiter am Kopf des Pferdes mitläuft, um in der entsprechenden Situation leicht eingreifen zu können.

Ein wenig auf Ihre Intuition kommt es an, ob Sie das Pferd nun auch schon anhalten und wieder antreten lassen wollen. Sie könnten hiermit einen Ungehorsam provozieren und sollten deshalb anfänglich den Helfer am Kopf zugegen behalten.

Wenn Sie das Anhalten üben, vergessen Sie nicht, die Leinen auch wieder nachzugeben, sobald das Pferd steht, sonst provozieren Sie eventuell ein Rückwärtslaufen.

Anhalten am langen Zügel

Zum Anhalten wechselt der Ausbilder seine Position: Er tritt hinter das Pferd und nimmt die äußere Hand herunter, sodass beide Hände rechts und links der Kruppe auf gleicher Höhe sind. Sobald das Pferd steht, geben die Hände nach!

Zum Traben am langen Zügel ist wichtig zu wissen, dass Sie keinesfalls selbst mitlaufen dürfen, sondern weiter »Schritt gehen« – Sie müssen halt größere Schritte machen. Sonst artet Ihr Trabversuch ganz schnell in einen Wettlauf mit dem Pferd aus! Außerdem ist es im Laufen fast unmöglich, eine stete, weiche Verbindung zum Pferdemaul zu behalten.

Trab am langen Zügel: Der Ausbilder läuft nicht mit, sondern macht lediglich größere Schritte.

Besonderheiten bei der Arbeit am langen Zügel

Bei der Arbeit am langen Zügel ist eine Besonderheit zu beachten: Mit den Richtungsänderungen ist jeweils auch eine Positionsänderung des Menschen am langen Zügel verbunden, denn er muss immer auf der inneren Hand eines (gedachten) Reitplatzes laufen. Konkret heißt das, dass er dicht hinter dem Pferd herum auf die andere Seite gehen muss, ohne dabei Schrittrhythmus und gleichmäßige Zügelanlehnung zu verlieren. Das kann man wesentlich besser unter der Anleitung eines erfahrenen Ausbilders lernen als aus einem Buch, weshalb ich unbedingt Unterricht am langen Zügel für Sie selbst empfehle!

Der Handwechsel, am stehenden Pferd demonstriert: Der Ausbilder geht in der Bewegung mit einem großen seitlichen Ausfallschritt möglichst flüssig und ohne den Takt zu verlieren um die Hinterhand herum und hebt dabei beide Hände über die Kruppe in die neue Position.

Handwechsel

Ein ganz entscheidender Punkt bei der Arbeit am langen Zügel ist die eigene Körperhaltung und -spannung. Ohne sie ist eine effektive Arbeit unmöglich.

Wie mein Lange-Zügel-Lehrer stets zu sagen pflegt, soll man nicht hinter dem Pferd herlaufen wie die Magd auf dem Weg zum Wochenmarkt, sondern stolz wie ein Spanier. Daran ist viel Wahres, denn die eigene Aufrichtung überträgt sich auf das Pferd. Wegen meines ziemlich lädierten Kreuzes kann ich das leider nicht immer so gut, wie ich möchte, und erkenne an den »schlechteren« Tagen sofort an Reaktion und Bewegung meines Pferdes, wie gut oder wie schlecht ich gerade zu Fuß bin. Im Vorteil sind hier tatsächlich die Tänzer unter uns! Oder wer hat schon so zu gehen gelernt, dass er die Brust herausschiebt und ganz exakt mit der Hacke auftritt, um dann über den ganzen Fuß abzurollen?

Sehr wichtig ist außerdem, schon am Anfang auf den Gleichschritt zum Pferd zu achten. Wenn es anfänglich so sein wird, dass Sie die Frequenz und die Schrittlänge des Pferds übernehmen müssen, so ist es das Ziel, alsbald zu erreichen, dass sich das Pferd Ihnen anpasst.

Wenn die Arbeit am langen Zügel auf umzäuntem Platz gut funktioniert, können Sie es auch einmal im Gelände versuchen. Nehmen Sie bei den ersten Versuchen lieber noch einen Helfer mit, der sicherheitshalber auf Kopfhöhe des Pferdes mitgeht, ihm Sicherheit vermittelt und im Zweifelsfall eingreifen kann. Er zieht sich in dem Maße weiter zurück, wie Ihre Steuerung von hinten immer besser und sicherer funktioniert.

Langer Zügel für Fortgeschrittene: Seitengänge
Die Arbeit am langen Zügel eignet sich gut, um Seitengänge wie Schulterherein und Travers einzuüben. Beide sind von außerordentlich großem Nutzen in der Ausbildung eines jeden Pferdes, weil sie das Pferd insgesamt beweglicher machen und es lehren, weiter unter seinen Körperschwerpunkt zu treten, sprich die Hinterhand aktiv einzusetzen und den Rücken aufzuwölben. Der Effekt eines gut durchgeführten Schulterhereins ist enorm! Seitengänge haben aber nur dann Nutzen, wenn sie richtig ausgeführt werden. Das Pferd irgendwie seitlich übertreten zu lassen, ungebogen und mit dem Kopf eventuell noch gegen die Bewegungsrichtung oder im anderen Extrem zu stark im Hals gebogen, mag zwar einen psychologischen Effekt haben (das Pferd lernt, Druck nach der Seite auszuweichen), aber keinen gymnastischen.

Es würde den Rahmen dieses Buches komplett sprengen, zu erklären, wie man es richtig macht. Ich verweise auf gute Literatur zu diesem Thema, die Sie im Anhang finden. Aber auch das Lesen guter Bücher und das Anschauen guter Fotos ersetzt nicht das eigene Sehen, Erleben und Erfassen! Lassen Sie es sich, wenn irgend möglich, von einem kompetenten Ausbilder zeigen, um diese Art der Arbeit nutzbringend in die weiterführende Ausbildung Ihres Pferdes mit einbringen zu können.

Ob Sie die Arbeit am langen Zügel für die Fahrausbildung Ihres

Schulterherein am langen Zügel: Die Position des Ausbilders wirkt zusammen mit dem sanft verhaltenden äußeren Zügel seitwärtstreibend, das Pferd tritt tief unter seinen Schwerpunkt.

Das Gegenstück zum Schulterherein: Travers oder »Kruppeherein«. Im Wechsel mit Schulterherein ideal, um Bewegungskoordination, Balance und Beweglichkeit des Pferdes zu verbessern.

eigenen Pferdes übernehmen möchten, bleibt Ihre Entscheidung und ist sicher auch eine Frage dessen, ob in Ihrer Umgebung ein entsprechender Lehrer zur Verfügung steht. Ein überdenkenswerter Ansatz ist es, so finde ich, auf alle Fälle, denn er schafft bei richtiger Durchführung kooperativ mitarbeitende, auf feinste Signale reagierende und gut gymnastizierte Fahrpferde.

»Fahren vom Boden«

Hierbei haben Sie die Fahrleinen ins (Trensen)Gebiss eingeschnallt, durch den Longiergurt oder die Ringe des Seletts geführt und gehen in einigem Abstand hinter dem Pferd her. Viele Fahrer meinen eigentlich dieses »Fahren vom Boden«, wenn sie von »Doppellongenarbeit« sprechen.

Wenn Sie vorher schon am langen Zügel gearbeitet haben, hat Ihr Pferd nun keine großen Probleme damit, wenn Sie plötzlich ganz hinter ihm verschwinden. Sie sind eben nur noch ein Stück weiter weg als bei der Arbeit am langen Zügel.

Für die ersten Fahrversuche vom Boden benötigen Sie Ihre spätere Fahrleine (oder, falls noch nicht vorhanden, zwei etwa 6 Meter lange Stricke, einen Longiergurt oder das Selett mit Ringen, einen Helfer und einen umzäunten Platz. Für die ersten Versuche schnallen Sie die Fahrleine besser nicht ins Gebiss, sondern in einen Kappzaum, ein Knotenhalfter oder die seitlichen Ringe des Stallhalfters ein, damit Ihr Pferd nicht bei den ersten Missverständnissen gleich einen unangenehmen Ruck ins Maul bekommt.

Falls Sie es nicht ohnehin schon »unterwegs« im Laufe Ihrer Arbeit getan haben, ist nun ein guter Zeitpunkt gekommen, um die Fahrpeitsche mit ins Spiel zu bringen.

Bei den ersten Versuchen im »Fahren vom Boden« geht vorn noch ein Helfer mit, der sich möglichst passiv verhält ...

... und dann vorsichtig ausprobiert, ob er seine Position ebenfalls weiter nach hinten verschieben kann, ohne die Vorwärtsbewegung geradeaus zu gefährden. Bei guter Vorarbeit sollte das jetzt kein Problem mehr darstellen.

Im nächsten Schritt schnallt der Helfer die Führlonge aus und geht nur noch »pro forma« am Kopf mit.

Der Helfer geht weg, indem er einfach seinen Schritt beschleunigt. Geht er zur Seite, provoziert er, dass auch das Pferd abbiegt. Hier ist schön zu sehen, wie sich das Pferd noch mit einem Ohr zur Helferin nach vorn und mit einem nach hinten zur Ausbilderin konzentriert.

Übergabe geglückt: Das Pferd konzentriert sich jetzt ganz auf die Ausbilderin hinter ihm, die es zusätzlich noch mit der Stimme anspricht.

Wie auch bei der Arbeit am langen Zügel ist es beim Fahren vom Boden (und auch später beim Fahren vom Kutschbock!) entscheidend wichtig, dass Sie zur Einleitung von Wendungen nicht an der inneren Leine ziehen, sondern die äußere nachgeben. Sonst ziehen Sie nur Kopf und Hals herum, was den Effekt haben wird, dass das Pferd trotzdem weiter geradeaus läuft und/oder die Hinterhand des Pferdes nach außen wegdriftet.

Einleitung einer Schlangenlinie nach links: Deutliches Nachgeben mit der äußeren (rechten) Leine, Unterstützung durch Stimme.

Schön zu sehen: Auch vor der Ecke nimmt die Ausbilderin durch Drehung des Oberkörpers ihre eigene innere Schulter zurück und die äußere vor, um mit der äußeren Leine nachzugeben und so in der Biegung gleichmäßigen Kontakt zum Pferd zu halten. Grundsatz: Halten Sie Ihre eigenen Schultern parallel zu denen des Pferdes.

Wenn Sie und Ihr Pferd sich über das Grundprinzip des Fahrens vom Boden einig sind, gibt es Tausende von Möglichkeiten, diese Arbeit zu variieren und zu verfestigen. Sie können durch einen aus Bodenstangen bestehenden Hindernisparcours »fahren«, im Slalom um Hütchen herum oder wieder ins Gelände, wobei aber zu Beginn sicherheitshalber noch ein Helfer mitgehen sollte. Sie sind sonst einfach nicht schnell genug beim Pferd, wenn dieses sich zum Umdrehen oder Wegspringen entschließen sollte. Bei guter Vorbereitung sollte es aber gar nicht mehr dazu kommen!

»Fahren« um Pylonen: Beachten Sie die noch überdeutliche Körpersprache der Ausbilderin, die es dem Pferd leicht macht, sie zu verstehen.

So soll es sein: Das Pferd dehnt sich zufrieden an die Leinen, ist aufmerksam und entspannt.

Rückwärtsrichten: Die Rückwärtsbewegung wird nicht durch Ziehen an den Leinen, sondern durch Stimme und eigene Körperhaltung eingeleitet. Dann klappt es auch später vor dem Wagen.

Wenn alles so gut klappt, können Sie auch noch die Fahrpeitsche dazunehmen.

Bevor Sie anspannen, sollten Sie auch einige Male vom Boden aus ins Gelände »gefahren« sein. Sicherheitshalber sollte noch ein Helfer mitkommen, der in Kopfnähe bleibt und notfalls eingreifen kann.

Doppellonge

Die Doppellongenarbeit halte ich, wenn Sie es bis hierher geschafft haben und Ihr Pferd zuverlässig vom »Boden fahren« können, für verzichtbar. Warum, habe ich weiter oben bereits erklärt. Der Vollständigkeit halber sei hier aber erwähnt, wie Sie vorgehen sollten, wenn Sie es versuchen möchten:

Lassen Sie das Pferd sein gewohntes (Trensen)kopfstück und anfangs am besten einen Kappzaum oder ein Halfter darüber tragen. Für die ersten Versuche ist es ratsamer, die Longen noch nicht am Gebiss zu befestigen.

Wenn Sie einen Longiergurt besitzen, führen Sie die Longen durch die tiefen Ringe am Bauchgurt. Sie können aber ebenso gut ein Selett mit zwei zusätzlich eingeschnallten Ringen benutzen, die Sie an den Strangschnallen oder am Bauchgurt, etwa in Höhe des Brustblattes, befestigen.

Legen Sie die äußere Longe zunächst nur über den Rücken und lassen Sie das Pferd wie zuvor geübt nach vorn antreten. Bemühen Sie sich, auf beiden Seiten einen gleichmäßigen Kontakt zum Pferdemaul aufzubauen, ohne zu ziehen.

Zum Handwechsel halten Sie das Pferd zunächst an und legen die Longe auf der anderen Seite über den Rücken. Lassen Sie das Pferd ruhig im Schritt und Trab gehen.

Wenn das gut klappt, können Sie den nächsten Handwechsel im ruhigen Schritt per Leinenhilfe versuchen, indem Sie das Pferd im großen Bogen wechseln lassen. Jetzt rutscht die äußere Longe herunter und berührt die Hinterhand des Pferdes. Je nachdem, wie gut Ihre Vorarbeit war, verspannt es sich vielleicht nur ein wenig und dreht die Ohren nach hinten. Achten Sie unbedingt darauf, dass sich die äußere Longe nicht versehentlich unter der Schweifrübe einklemmt, was die meisten Pferde zu wildem Buckeln veranlasst. Falls dieses Missgeschick doch passiert, lassen Sie die äußere Longe ganz locker, bis das Pferd die Schweifrübe nicht mehr einklemmt.

Gewöhnung an das Geschirr

Ihr Pferd ist also inzwischen durch Bodenarbeit so weit vorbereitet, dass es sich problemlos vom Boden aus fahren lässt. Es geht nun auch im Gelände mutig vor Ihnen her, ohne Sie allerdings dabei zu ignorieren und horcht zuverlässig auch auf Ihre Stimmsignale. Es kann auch länger als ein oder zwei Minuten ruhig und entspannt stillstehen, ohne ungeduldig und zappelig zu werden. Bis hierher haben Sie schon einige Wochen oder vielleicht Monate in die Ausbildung des künftigen Fahrpferdes investiert. Jetzt ist es Zeit für mehr!

Kauf eines Fahrgeschirrs

Wenn Sie bis hierher in der Ausbildung Ihres Pferdes gekommen sind, stellt sich für den weiteren Weg spätestens jetzt die Frage nach dem Fahrgeschirr. Die meisten von Ihnen müssen vermutlich erst einmal ein solches besorgen. Leider ist man sich aber zu diesem Zeitpunkt meist alles andere als sicher, ob das Pferd auch wirklich ein gutes Freizeitfahrpferd werden wird und ob das Fahren die eigenen Erwartungen erfüllen wird. Und nun soll man ein teures und wertvolles Zuggeschirr erwerben? Die oft und vermeintlich auf der Hand liegende Alternative ist dann der Kauf eines besonders günstig anmutenden Geschirrs. Leider ist diese Möglichkeit keine gute!

Beim Billiggeschirr, das für die Ausbildung ohne Kutsche sicherlich reichen würde, besteht die Gefahr, dass es bei der ersten wirklichen Belastung zerreißt und im besten Fall nur das junge Pferd verdorben ist, das gleich zu Beginn seiner Fahrkarriere schon schlechte Erfahrungen gemacht hat. Man kann aber auch schon beim ersten misslungenen Versuch verunglücken! Ein wirklich gutes Zuggeschirr ist eine Investition fürs Leben, hat aber einen stolzen Preis. Es ist kein wirkliches Problem, 1500 oder 2000 Euro dafür loszuwerden. Sicher ist es nicht die allerschlechteste Möglichkeit, sich für den Anfang ein vernünftiges Geschirr auszuborgen, aber nicht jeder hat dazu die Gelegenheit. Egal, wie Sie sich entscheiden: Sowohl in Reitsportgeschäften als auch im Internethandel und bei Versandhäusern sollten Sie sich nicht unbedingt auf das Beratungspotenzial der Verkäufer verlassen, sondern am besten genau selbst wissen, was Sie haben möchten. Obwohl es natürlich auf den Fahrsport spezialisierte kompetente Händler gibt, ist das Gros der Berater in Sachen Geschirr eher weniger gut beraten.

Kumt oder Brustblatt?

Sie brauchen ein Brustblatt oder Kumt, ein Selett, ein Hinterge-schirr, ein Kopfstück mit Gebiss und eine Fahrleine. Nur in seltenen Fällen ist in der Anfangsphase der Kauf eines Kumts sinnvoll. Ein Kumt muss in Länge und Weite genau passend für das Pferd gekauft werden. Es ist hier genau wie beim Sattel: Da sich durch die zukünftige Arbeit die Muskulatur des Pferdes deutlich verändern wird, wird das frisch erworbene Kumt schon bald nicht mehr pas-sen. Ein Kumt ist für einen Fahrneuling nur dann sinnvoll, wenn das Exterieur des Pferdes die Verwendung des Brustblattes verbietet. Das Brustblatt braucht zur Auflage auf der Brust eine Freifläche zwi-schen Luftröhrenansatz und Buggelenk.

Nur Pferde, die diese Lagefreiheit des Brustblattes nicht ermög-lichen, bei denen das Brustblatt also entweder auf die Luftröhre oder auf das Buggelenk drückt, brauchen ein Kumt. In den aller-meisten Fällen erlaubt die Anatomie des Pferdes aber die Ver-wendung des Brustblattes.

Die Frage, ob Kumt oder Brustblatt besser sind, ist heutzutage eine eher stilistische, weil das Kumtgeschirr eben zu manchen An-spannungsarten und Wagen zwingend dazu gehört. Sofern Sie weder Turniere fahren möchten noch besonderen Wert auf Stilreinheit legen, ist dieser Punkt aber für Sie ohne Bedeutung.

Grundsätzlich ist ein Kumt da im Vorteil, wo schwerere Zuglasten zu bewältigen sind, weil es den Druck gleichmäßiger und auf eine größere Flä-che verteilt. Für Sie als Freizeitfahrer, der Sie ver-mutlich einspännig mit einem leichten Wagen und in der Regel einem Bei-fahrer ein wenig entspannt durchs Gelände fahren möchten, ist aber auch dieser Punkt vermutlich kein Kriterium.

Das Kumtge-schirr ist immer dann sinnvoll, wenn das Pferd größere Lasten ziehen muss. Das Kumt muss aber genau angepasst werden, da-mit es kom-fortabel für das Pferd ist.

BITTE MASS NEHMEN!

VERLASSEN SIE SICH NICHT DARAUF, DASS EIN ALS »HAFLINGER-GESCHIRR« ANGEBOTENES GESCHIRR IHREM HAFLINGER AUCH PASST. NEHMEN SIE LIEBER AN IHREM PFERD MASS!

- LÄNGE DES BRUSTBLATTES VON SCHULTERENDE BIS SCHULTERENDE
- LÄNGE DES HINTERGESCHIRRES VON FLANKE ZU FLANKE
- LÄNGE DES SCHWEIFRIEMENS VOM LAGEPUNKT DES SELETTS BIS ZUM SCHWEIFANSATZ
- WEITE DES SELETTS: HIER MUSS IM GRUNDE WIE FÜR EINEN SATTEL MASS GENOMMEN WERDEN, AM BESTEN MIT EINEM DER RÜCKENFORM NACHGEBOGENEN DRAHT.

Das Selett muss im Grunde auf den später gewünschten Kutschentyp abgestimmt werden. Wer mit einer Gig fahren möchte, braucht ein Selett mit beweglichen Lederschlaufen, für einen vierrädrigen Wagen wird in der Regel ein Selett mit Trageösen aus Metall verwendet. Diese sind meist mit Leder verkleidet.

Die Fahrleine und das Kopfstück sind sicherheitsrelevante Bestandteile des Geschirrs. Hier sollte nicht am falschen Ende gespart werden! In der Achenbach'schen Tradition ist die Fahrleine aus naturbelassenem braunen Rindsleder, und zwar ursprünglich deshalb, damit die weißen Handschuhe der Fahrer nicht durch abfärbendes Leder beschmutzt werden sollten. Dies ist einsichtig, wird aber (wie so vieles im Fahrsport) zum sinnentleerten Selbstzweck, wenn Fahrleinen aus naturfarben oder gelblich lackiertem Leder verkauft werden, wie so oft zu sehen. Das naturbelassene, also ungefärbte Leder lässt auch Materialfehler viel offenkundiger werden als eingefärbtes.

Näheres zum Thema Geschirr, Anpassen des Geschirrs und Anschirren finden Sie in meinem Buch »Fahren ohne Schlips und Kragen«.

Scheuklappen – ja oder nein?

Die Frage, ob am Kopfstück eines Fahrpferdes Scheuklappen angebracht sein müssen, erhitzt mitunter die Gemüter. Im traditionellen Fahrerlager werden die Scheuklappen aber im Grunde nicht hinterfragt und im Handel gibt es auch so gut wie keine Fahr-Kopfstücke ohne Scheuklappen.

Die Scheuklappen hatten aber ursprünglich nicht nur den Sinn, die Pferde vor dem Scheuen zu bewahren, wie man meinen könnte, sondern sie dienten und dienen beim mehrspännigen Fahren vor allem zwei Hauptzwecken: Die Pferde sehen nicht aus dem Augenwinkel Peitschenhilfen, die für einen Gespannnachbarn gedacht sind. Oft ist es ja so, dass man gezielt nur ein Pferd mit einer Peitschenberührung ansprechen muss und nicht möchte, dass die anderen Pferde gleichzeitig auch schneller werden. Insofern ist es, wenn man dem Achenbach-Prinzip treu bleibt (mehrspänniges Fahren ist das Ziel!), nur logisch, von Anfang an mit Scheuklappen zu arbeiten, damit das Pferd später nicht umlernen muss. Beim Vierspänner verhindern die Scheuklappen außerdem, dass den Stangenpferden (den hinteren Pferden) die Leinen der Vorderpferde in die Augen geraten.

Beide Argumente fallen weg, wenn man vorhat, sein Pferd auch in Zukunft immer nur einspännig zu fahren.

Es dürfte auch durchaus zweifelhaft sein, ob Scheuklappen ein Pferd davor bewahren, vor sich von hinten nähernden Fahrzeugen oder anderem zu scheuen. Ebenso gut könnte man dann auch argumentieren, Pferde müssten beim Reiten im Straßenverkehr Scheuklappen tragen. Im Gegenteil: Viele Pferde werden erst recht unruhig, wenn sie etwas hören, aber nicht oder erst sehr spät sehen können, was das Geräusch verursacht.

Ein Kopfstück ohne Scheuklappen – bei Fahrpferden ein ungewohntes Bild. In vielen Fällen sind sie aber tatsächlich überflüssig.

Trotzdem fällt es mir schwer, eine generelle Empfehlung gegen Scheuklappen auszusprechen. Manche Pferde scheinen sich damit tatsächlich besser zu konzentrieren und weniger ablenken zu lassen, andere kommen viel besser ohne Klappen zurecht. Ich überlasse die Entscheidung also Ihnen und Ihrem eigenen Urteilsvermögen, was Ihr Pferd betrifft.

Kunststoff als Alternative?

Geschirre sind heute nicht immer nur aus Leder. Einige Anbieter offerieren auch Zuggeschirre aus Kunststoffen. Leider neigt der Mensch nur allzu oft zu Verallgemeinerungen und glaubt, solche Geschirre seien grundsätzlich minderwertig. Das stimmt genauso wenig wie die Behauptung, dass Leder immer die bessere Lösung sei. Auch hier gilt der Satz, dass Kunststoffgeschirre preiswerter sind, schon lange nicht mehr: Es gibt Kunststoffgeschirre für den Einspänner, die preislich deutlich über 1500 Euro liegen.

Gewarnt sei im Kunststoffbereich vor Geschirren von minderer Qualität, die genau wie beim Leder auch am Preis erkennbar wird. Nur zum Ausprobieren und baldigen Wegwerfen ist jeder Cent zu schade und vor allem das Unfallrisiko zu groß.

Ich persönlich halte das sogenannte Sieltec-Geschirr aus Kunst-stoff-Hohlseil für einen guten Einsteiger-Kompromiss: Es ist recht günstig, aber trotzdem vollkommen reißsicher und nicht pflegebe-dürftig. Letzteres ist eines der Hauptargumente, die für die Wahl eines Kunststoffgeschirres sprechen, denn ein Ledergeschirr ver-langt Reinigung nach jedem Gebrauch und regelmäßig zeitaufwän-dige intensive Pflege, wenn es langfristig und ohne Qualitätsverlust verwendbar sein soll.

Eine gute und preiswer-te Alternative zum Lederge-schirr ist das Sieltec-Ge-schirr aus reißfestem Kunststoff-Hohlseil, das stufenlos ver-stellt werden kann.

Gewöhnung an das Geschirr

Nachdem Sie inzwischen ein Geschirr erworben oder ausgeborgt haben, steht die Gewöhnung des Pferdes an dasselbe auf dem Programm. Gerade zu Beginn ist sehr wichtig, dass das Geschirr dem Pferd gut passt und nirgends drückt, denn das wäre natürlich kein guter Anfang! Vorerst soll sich der Lehrling nur an das neue Körpergefühl mit dem Geschirr gewöhnen. Beginnen Sie nicht mit dem kompletten Geschirr auf einmal, sondern zunächst nur mit Selett und Brustblatt. Legen Sie sich das Brustblatt so zurecht, dass Sie es einfach über den Kopf legen können. Wenn Sie schon am Anfang Ihrem Pferd die Ohren einklemmen, ihm Schnallen gegen die Augen schlagen oder es mit herunterfallenden Riemen erschrecken, müssen Sie sich nicht wundern, wenn es das Geschirr nicht gerade lieben lernt.

Falls Sie ein Kumtgeschirr benutzen, üben Sie das Anlegen des Kumts separat.

Legen Sie das Brustblatt mit den daran befestigten Zugsträngen so zusammen, dass Sie es in einem Stück über den Kopf heben können, ohne die Ohren einzuklemmen. Anschließend wird es dann um den Hals herum in die richtige Lage gedreht.

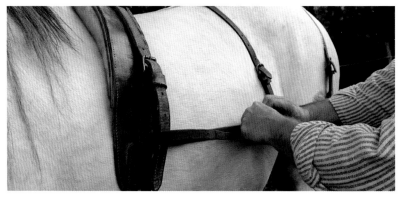

Die
Aufhalterie-
men des
Hinter-
geschirrs,
die norma-
lerweise in
den dafür
vorgesehe-
nen Ösen
der Kut-
schenschere
befestigt
werden, sind
hier zum
Longieren
nach vorn an
den Bauch-
gurt des
Seletts ge-
schnallt, da-
mit nichts
wackelt und
verrutscht.

Denken Sie daran: Machen Sie dem Pferd die Sache angenehm. Gehen Sie in kleinen Schritten vor, wenn das Pferd Scheu vor dem unbekannten Ding zeigt. Belohnen Sie es anfangs beispielsweise schon dafür, dass es die Nase neugierig in Richtung Kumt streckt. Wichtig hierbei ist wieder Ihr Timing: Sie müssen genau dann belohnen, wenn das Pferd ruhig ist und nicht, wenn es schon zu zappeln angefangen hat. Üben Sie lieber nur fünf Minuten lang und das dafür öfter am Tag, als zu schnell und viel auf einmal zu wollen. Ideal ist es, wenn Sie genau dann aufhören, wenn das Pferd Spaß an der Sache zu beginnen bekommt. Es wird sich beim nächsten Mal auf das Kumt freuen, weil es schon weiß, dass dieses Ding mit Lob und Belohnung zu tun hat. Genau das wollen wir erreichen!

Die am Brustblatt befestigten Zugstränge müssen so gesichert und hochgebunden sein, dass sie nicht herunterfallen können und das Pferd nicht darauftreten kann.

Die Zug-
stränge wer-
den über
Kreuz unter
dem Schweif-
riemen hin-
durchgescho-
ben und dort
mittels eines
zusätzlichen
kleinen Le-
derriemchens
gegen Herun-
terfallen gesi-
chert.

Das Brustblatt stellt für die meisten Pferde überhaupt kein Problem dar. Auch das Selett kennen sie schon – entweder von der Bodenarbeit her oder weil sie auch schon geritten sind.

Etwas schwieriger ist es mit Schweifriemen und Hintergeschirr, weil das Gefühl der Riemen um die Hinterhand zuerst etwas sehr Ungewohntes sein wird.

Ich empfehle, auch den Schweifriemen zunächst noch vom Hintergeschirr zu trennen und sein Anlegen separat zu üben. Nur das Selett benötigen Sie dazu, damit Sie ihn auch irgendwo festmachen können. Es gibt Schweifriemen mit geschlossener Metze (so heißt die gepolsterte Lederschlaufe, die unter der Schweifrübe herläuft) oder solche mit einer Schnalle an der Seite. Die mit der Schnalle haben den Nachteil, dass sie eher scheuern, aber den Vorteil, dass man sie leichter anlegen kann. Sie müssen nur den Schweif etwas anheben, die Schlaufe unter der Schweifrübe durchführen und auf der anderen Seite verschnallen – fertig. Beim geschlossenen Schweifriemen müssen Sie den gesamten Schweif stärker bewegen, weil Sie die Metze von oben über das Ende der Schweifrübe streifen müssen. Üben Sie das zuerst ohne Schweifriemen – lässt Ihr Pferd es sich gefallen, dass Sie die gesamte Schweifrübe sanft nach oben biegen, zu beiden Seiten bewegen oder daran ziehen? Ein leichtes Anheben und Ziehen ist vielen Pferden sogar angenehm und sie antworten darauf mit Fallenlassen von Kopf und Hals – Entspannung pur.

**Der Schweif-
riemen ist
vielen Pfer-
den anfangs
unangenehm.
Üben Sie sein
Anlegen se-
parat, wenn
es damit
Schwierig-
keiten gibt.**

Praktisches Detail: Statt den Schweifriemen am Selett zu verschnallen, kann man einen Karabinerhaken zwischenschalten.

Arbeiten Sie nicht gegen Widerstand. Wenn Ihr Pferd die Schweifrübe festklemmt, ziehen Sie nicht mit Gewalt daran, sondern tasten Sie sich mit massierenden und kraulenden Bewegungen auf und unter der Schweifrübe so lange vor, bis das Pferd locker lässt und merkt, dass diese Berührung eigentlich doch ganz angenehm ist.

Wenn das klappt, wird auch der Schweifriemen kein großes Problem mehr darstellen. Je nachdem, was Ihr Pferd zu dieser Neuerung sagt, lassen Sie ihn entweder anfangs nur kurz angelegt und belohnen es fürs Stillhalten oder Sie gehen gleich zum Führen oder Longieren mit angelegtem Schweifriemen über. Wobei ich in diesem Fall Longieren für die sicherere Variante halte, weil viele Pferde doch mit Buckeln oder Auskeilen auf das ungewohnte Gefühl unter dem Schweif reagieren.

Ist der Schweifriemen »verdaut«, kommt das Hintergeschirr dazu. Ein Pferd, das schon am Boden gelernt hat, sich mit Seil und Gerte überall von Ihnen berühren zu lassen, wird damit wenig Probleme haben. Heftige Abwehrreaktionen zeigen meist nur solche Pferde, die man gleich mit dem kompletten Geschirr »überfällt« und damit loslaufen lässt.

Achten Sie von Anfang an darauf, dass Ihr Pferd beim Anschirren ruhig steht und nicht zappelt. Sie legen jetzt den Grundstein dafür, wie ruhig später das Anspannen vor den Wagen vor sich gehen wird. Nach dem Anschirren geht es bei Führen oder Longieren erst dann los, wenn das Pferd zuvor ruhig gestanden hat – nicht dann, wenn es von sich aus losgeht. Das bedeutet, dass Sie ihm zuvor-kommen müssen: Bevor es einen Huf bewegt, weil es los möchte, geben Sie das Kommando dazu und nehmen ihm den Wind aus den Segeln.

Nun können Sie das Pferd wie gehabt weiter vom Boden aus arbeiten, aber eben mit Geschirr und selbstverständlich abge-schnallten oder sicher hochgebundenen Zugsträngen. Denken Sie an den Grundsatz aus dem Lernkapitel, dass man immer nur eine neue Sache auf einmal verlangen sollte. Die Neuheit ist in unserem Fall das Geschirr, machen Sie also nicht den Fehler und versuchen Sie nun gleichzeitig eine neue Lektion in der Bodenarbeit einzu-üben! Gehen Sie im Gegenteil zu etwas zurück, das Ihr Pferd schon besonders gut und sicher kann. Sie können es zum Beispiel einfach mit dem Geschirr ein paar Runden um den Reitplatz führen, ein paar Wendungen und Stopps einbauen und die Übungsstunde damit nach zehn Minuten und einem Lob für heute beendet sein las-sen. Niemand sagt, dass Sie das Pferd gleich mit Geschirr zwanzig Minuten lang im Trab longieren müssen.

Halten Sie die Schritte so klein, dass sie wirklich kinderleicht für das Pferd zu bewältigen sind, enden Sie immer mit einem Erfolgserlebnis und steigern Sie sich so schnell oder langsam, wie Ihr Pferd es Ihnen erlaubt.

Die ersten Schritte mit dem Geschirr sollten kon-trolliert und ruhig im Schritt an der Hand stattfin-den.

Im Trab spürt das Pferd nun zum ersten Mal die Berührung des Hinterge-schirrs. Kein Problem dank der guten Vorarbeit.

Sollten Sie später mit einer Gig, also einem einachsigen Wagen fahren wollen, können Sie Ihr Pferd jetzt schon auf eine Beson-derheit vorbereiten: Es wird später damit leben müssen, dass es gelegentlich auch einmal kräftigen Zug von unten auf den Bauch bekommt – nämlich über den kleinen Bauchgurt, der über die leder-nen Tragschlaufen mit der Gabel des Wagens verbunden ist. Dieser Bauchgurt hat den Zweck, ein Hintenüberkippen des Wagens zu verhindern, wenn dieser beispielsweise durch ein Schlagloch aus der Balance gerät. Ziehen Sie ein paar Mal kräftig an den Trage-schlaufen – nach oben und zur Seite – und belohnen Sie das Pferd für sein gleichmütiges Verhalten.

Natürlich kann man ein Pferd auch sofort komplett aufschirren, es an die Longe nehmen und so lange rennen lassen, bis es sich aus-gebuckelt hat. Das ist die Technik der Reizüberflutung – Sie erin-nern sich an das Lernkapitel. Sie ist für das Pferd mit einer deutlich negativeren Erfahrung verbunden als die schrittweise Annäherung, bei der es Größe und Tempo der Schritte ganz alleine selbst bestimmt.

Das kennt das Pferd schon: Fahren vom Boden, nur jetzt eben mit Geschirr. Das sieht doch schon fast wie ein Fahrpferd aus …

91

Auch im Trab bleibt alles entspannt, nur die Ausbilderin gerät etwas außer Puste. Anfangs ist es ratsamer, die Leinen wie hier in den Kappzaum anstatt ans Gebiss zu verschnallen.

Gewöhnung an Berührung durch Stränge

Nun muss Ihr Pferd sich noch daran gewöhnen, dass ihm seitlich etwas gegen Flanken und Beine schlackern kann, wenn es das Geschirr trägt und sich vorwärtsbewegt. Im Stehen kennt es das ja schon. Hierzu brauchen Sie einen (besser zwei) Helfer, der hinter dem von Ihnen geführten Pferd geht und die Zugstränge ergreift. Sie müssen so lang sein, dass der Helfer sich nicht im Einzugsbereich der Hinterbeine befindet, notfalls durch Seile verlängert. Nachdem Sie nun losgegangen sind, lassen der oder die Helfer die Stränge sachte abwechselnd rechts und links gegen die Hinterhand schlagen. Und zwar anfangs sehr vorsichtig, später, sobald das Pferd es erträgt, mit mehr Nachdruck.

Lassen Sie jetzt auch einfach einmal die losen Stränge hinter dem Pferd her über den Boden schleifen.

Gewöhnung an die Stränge: Zwei Helfer fassen je einen verlängerten Zugstrang und lassen die Stränge anfangs sachte, später kräftiger gegen die Hinterhand des Pferdes schlagen.

Gewöhnung an den Zug

Im nächsten Schritt soll es lernen, Zug bzw. Druck auf seine Brust
zu akzeptieren und sich dadurch nicht etwa zum Stehenbleiben ver-
leiten zu lassen. Am ungefährlichsten geht das anfangs mit einem
Helfer, der Zuggegenstand spielt. Schnallen Sie auch hier die
Zugstränge aber auf jeden Fall so lang oder verlängern Sie sie mit
Seilen, dass der Helfer sich nicht im Einzugsbereich der Hinterhufe
befindet! Während die Person am Kopf das Pferd mit dem gewohn-
ten Kommando zum Antreten (z.B. »Komm«) anführt, übt der Helfer
leichten Widerstand aus und lässt sich »ziehen«, wobei der
Widerstand aber anfangs nicht zu stark sein darf. Das Pferd wird
durch den Druck auf die Brust vermutlich erst einmal stehen bleiben. Gehorsam und Vertrauen zum späteren Fahrer sollten nun
aber schon so weit gefestigt sein, dass es auf sein bekanntes
Kommando hin trotzdem vorwärts geht. Wenn nein, machen Sie
den Druck so lange wieder geringer, bis es geht, loben Sie und verstärken dann allmählich wieder. Der Widerstand durch den Helfer
darf anfangs auf keinen Fall so groß sein, dass das Pferd zum
Hochreißen des Kopfes, Wegdrücken des Rückens oder ähnlich
veranlasst wird. Das Pferd soll so ruhig und gleichmäßig wie immer
antreten – steigern Sie den Druck auf die Brust also langsam.

Gewöhnung
an Zug auf
das Brust-
blatt: Mit
einem Helfer
geht es am
einfachsten.

93

Gewöhnung an typische Fahrgeräusche

Ein Problem ist beim Einfahren junger Pferde besonders häufig –
sie fürchten sich vor dem Rattern und Scheppern des Wagens hinter ihnen, den sie nicht richtig sehen können und vor dem sie umso
weniger fliehen können, je schneller sie davonzulaufen versuchen.
Auch wenn es sich um einen gummibereiften Wagen handelt, macht
das ganze Gefährt, besonders auf unebener Bahn, doch ständig
irgendwelche ungewohnten Geräusche. Ein Teufelskreis! Dabei
kann man genau das doch so prima vorher und in aller Ruhe üben.

Ideal wäre es, wenn sie den Neuling hinter einer von einem erfahrenen Fahrpferd gezogenen Kutsche erst einmal herreiten oder
-führen könnten. Halten Sie anfänglich genügend Abstand, bis Sie
sich später (bei entsprechender Wegbreite!) auch einmal neben die
Kutsche und später auch davor positionieren. Wenn Sie die
Möglichkeit zu solchen kombinierten Ausfahrten / Ausritten haben,
möglichst über verschiedene Untergründe und auch einmal im Trab,
können Sie wertvolle Vorarbeit leisten. Der Ausritt neben der Kutsche ist aber wirklich nur zum Geräuschtraining gedacht und nur in
der Anfangsphase dieses Ausbildungsabschnittes zu empfehlen,
denn primär soll sich das Pferd in allen Situationen an den vertrau-
enswürdigen Menschen hinter sich gewöhnen. Auch hier wäre die
Arbeit am langen Zügel dem Fahren vom Boden vorzuziehen, denn
die Möglichkeit, das Pferd am langen Zügel zu berühren und die
ruhige Hand spüren zu lassen, ist ein Riesenvorteil! Beim Fahren
vom Boden hat man außer den Leinen nur die Stimme, was gerade
am Anfang der Ausbildung zu wenig sein kann.

Ist kein zweites Fahrpferd vorhanden, kann man durchaus auch
überlegen, die Kutsche zu Gewöhnungszwecken einmal an PKW
oder Traktor anzuhängen, um seinem Pferd dieses Ding in
Bewegung zeigen zu können.

Aber auch ohne Kutsche können Sie effektiv »Geräuschtraining«
betreiben: Dazu benötigen Sie einen Helfer, der in genügendem
Sicherheitsabstand alle möglichen Krach machenden Gegenstände
hinter dem Pferd herzieht, während Sie es am Kopf führen. Das
kann ein ratterndes Kettcar, ein Sack voller leerer Konserven-
büchsen oder eine über den Asphalt gezogene Schneeschaufel
sein. Ihrer Fantasie sind keine Grenzen gesetzt! Wichtig ist nur,
dass der »Geräuschemacher« seine Tätigkeit reduziert bzw. ein-
stellt, bevor das Pferd Anzeichen von Angst zeigt. Weil er das von
hinten nicht so gut sehen kann wie der Pferdeführer am Kopf, können Sie z.B. ein Handsignal mit ihm vereinbaren, das bedeutet:

Leiser bitte! Arbeiten Sie wie überall in der Pferdeausbildung mit Konsequenz, Ruhe, Geduld, Lob und Bestätigung, dann werden Sie schnelle Fortschritte erzielen. Geben Sie bei dieser Art von Training unbedingt Acht, dass Sie das Pferd niemals überschätzen und nie ein heftiges Erschrecken hervorrufen, das ist nicht Sinn der Sache! Das Pferd kann vor allem beim Fahren vom Boden jederzeit unkooperativ werden, was den Ausbildungserfolg um Wochen zurückwerfen oder sogar ganz in Frage stellen könnte.

Professionelle Einfahrbetriebe halten sich mit solchen »Mätzchen« wie dem Geräuschtraining in der Regel nicht auf. Aber wir haben doch Zeit – und warum sollten wir nicht jede Chance nutzen, auch dem kleinsten Baustein im späteren Gefüge bestmögliche Stabilität zu geben?

Krach von hinten: Das muss ein Fahrpferd kennen.

Schleppenarbeit und erstes Einspannen

Arbeit mit der Schleppe

Im nächsten Schritt ersetzen wir den Helfer, der ja jederzeit loslassen kann, durch einen festen Schleppgegenstand wie z.B. einen Reifen. Dieser sollte aber aus Sicherheitsgründen noch auf keinen Fall fest mit dem Ortscheid verbunden, sondern nur mit einem »zwischengeschalteten« Sicherheitsverschluss angehängt werden, den man im Zweifelsfall (sollte das Pferd trotz aller Vorarbeit in Panik geraten) mit einem Handgriff lösen kann. Ideal eignen sich hierzu die Patenthaken der Firma Sprenger, z. T. auch unter der Bezeichnung »Marathonhaken« im Handel. Die Zugstränge müssen auch für diese Arbeit mit Seilen verlängert werden, da sonst der Reifen viel zu dicht an der Hinterhand des Pferdes ist.

Praktisch für die Schleppenarbeit: Ein Sicherheitsverschluss, der sich mit einem Griff lösen lässt.

Noch ungefährlicher: Ein Helfer, der den Reifen nur mit einem durchgeschlauften Seil am Platz hält. Lässt der Helfer los, ist auch der Reifen ab und kann nicht unkontrolliert hinter dem Pferd her hüpfen. Außerdem kann der Helfer so den Reifen unterstützend in der Bahn halten und verhindern, dass in Wendungen anfangs die Zugstränge zu eng ans Pferd gepresst werden.

Gehen Sie für den Anfang einfach nur auf dem Reitplatz oder auf umzäunter Wiese ein Stück mit dem angehängten Reifen geradeaus und lassen Sie es dabei bewenden, wenn das Pferd seine Sache gut gemacht hat. Später üben Sie das Antreten und Anhalten, Wendungen (bei denen das Pferd nun deutlich die Zugstränge an der Hinterhand spürt) und auch das Antraben. Geben Sie Acht, dass die Zugstränge so gesichert sind (durch Aufhalteriemen), dass das Pferd auch bei nachlassendem Zug nicht hineintreten kann. Hat das Pferd anfangs Angst vor dem Reifen, kann man den Helfer bitten, diesen zuerst vor, dann neben und schließlich hinter dem Pferd herzuziehen.

Üben Sie mit Hilfe des Reifens schon jetzt das ruhige Stillstehen zum An- bzw. Ausspannen, vorzugsweise an dem Ort, an dem Sie auch später den Wagen anspannen werden. Die Aufgabe ist für das Pferd anfangs leichter zu begreifen, wenn es sie mit einem bestimmten Ort in Verbindung bringen kann.

Für die erste Arbeit mit der Schleppe ist unbedingt ein Helfer nötig.

Erst, wenn das Reifenschleppen kein Problem mehr ist, kommt die Führung mit der Fahrleine hinzu ...

... bis schließlich auch der Helfer am Kopf verschwindet. Jetzt ist das Anspannen an den Wagen der nächste Schritt.

Nicht empfehlenswert: Schleppenarbeit ohne Helfer und mit fest ange-brachten Reifen. Auch das Gewicht dieser beiden großen Reifen ist für den Anfang zu hoch.

Sie können auch noch einen weiteren Schritt zwischenschalten und zwei lange Bohnenstangen oder etwas ähnliches (ohne spitze Enden!) verwenden, um sie rechts und links in die Trageösen des Seletts zu legen und von einem Helfer hinterhertragen zu lassen. Sinn und Zweck dieser Übung ist, dass sich das Pferd an das Gefühl der Stangen an der Hinterhand gewöhnt, vor allem in Wendungen.

Das erste Einspannen

Für das erste Einspannen ist eine leichte Gig, also ein zweirädriger Wagen zu empfehlen und einem vierrädrigen vorzuziehen, weil er zum einen handlicher und übersichtlicher ist, zum anderen eventuelle stürmische Kehrtwendungen des Pferdes (die nach gründlicher Vorarbeit eigentlich nicht vorkommen dürften!) viel gefahrloser mitmacht als ein vierrädriger Wagen. Bei Letzterem schlagen die Vorderräder eventuell so weit ein, dass sie blockieren oder das ganze Gefährt kippt um – was dann häufig die weitere Karriere als Fahrpferd schon beendet! Auch das Rückwärtsgehen ist mit der Gig gefahrloser und einfacher möglich, da sie im Gegensatz zum vierrädrigen Wagen gerade hinter dem Pferd zurückläuft.

Die Meinungen gehen sehr auseinander, wie hoch bei einer Gig das über das Selett auf dem Pferderücken lastende Gewicht sein soll. Trabersulkys sind so ausbalanciert, dass der Wagen immer leicht nach oben drückt – für uns nicht wünschenswert. Viele versuchen eine neutrale Stellung zu erreichen, also null Kilo, was aber kaum konstant zu halten ist. Ich stelle den Wagen auf einen Druck von ca. 10 kg auf den Rücken ein, sodass auch im Gelände gesichert ist, dass immer ein Druck von oben nach unten und nie umgekehrt entsteht.

Bevor Sie eine Gig zum ersten Mal anspannen, stellen Sie sicher, dass sie korrekt ausbalanciert ist und weder nach hinten kippelt noch dem Pferd mit viel Gewicht im Rücken hängt.

Schleppen-arbeit und erstes Einspan-nen

Wählen Sie eine ebene Geradeausstrecke, die das Pferd schon kennt und auf der möglichst keine Ablenkungen durch Autos, spielende Hunde, Landmaschinen, andere Reiter und so weiter zu erwarten sind. Der Untergrund sollte möglicht fest und plan sein, damit sich das Pferd nicht gleich zu Beginn erschreckt, weil der Wagen durch ein Schlagloch rumpelt und ihm unangenehm ins Hintergeschirr drückt oder ins Kreuz schlägt.

Das erste Einspannen ist nun keine große Sache mehr. Noch besser wäre, wenn noch ein weiterer Helfer dabei wäre.

Wieder einen Zwischen-schritt weiter – das Pferd zieht die Gig, der Fahrer geht noch zu Fuß ...

... und kann dann schon bald die Position auf dem Kutschbock einnehmen.

Während das Pferd nun zum ersten Mal die Gig zieht, geht ein Helfer mit zusätzlich eingeschlauftem Zügelpaar oder einer Longe am Kopf, während der Ausbilder die Leinen aufnimmt und neben der Kruppe des Pferdes hergeht. Anfangs geht es auch hier nur geradeaus, fünf bis zehn Minuten reichen vorerst völlig. Wichtig ist, mit einem Erfolg – zum Beispiel einem ruhigen, korrekten Anhalten – aufzuhören und das Pferd gebührend zu loben.

Pferde, die intensiv vom Boden auf die kommenden Aufgaben vorbereitet wurden, sind jetzt nicht nur gelassen, sondern auch geschmeidig und biegen sich in den Wendungen. Das ist sehr wichtig, denn sollte das Pferd in der aktuellen Situation steif wie ein Brett durch die Wendungen marschieren und eine steife oder zuckende Kruppenmuskulatur zeigen, ist es in jedem Fall sehr angespannt oder noch überfordert.

Schon nach wenigen Tagen werden Sie die Erfolge Ihrer geduldigen Arbeit sehen können: Das Pferd wird nun geschmeidig und entspannt die unbeladene Gig ziehen. Der Schritt auf den Kutschbock ist nun nur noch ein kleiner, während der Helfer am Kopf vorerst sicherheitshalber noch zugegen bleibt.

Für die ersten Ausfahrten sollte das Gelände natürlich so gewählt werden, dass keine größeren Wegeunebenheiten, Gefälle, Steigungen oder stark befahrene Straßen vorkommen.

Geschafft: Wir fahren! In diesem Stadium könnte die hinten stehende Helferin noch eine zusätzliche am Kopfstück des Pferdes befestigte Longe halten, um im Notfall schneller eingreifen zu können.

Fit für den Straßenverkehr

Wenn Sie Ihr Pferd bis hierher ausgebildet haben, wissen Sie ziemlich genau, was es kann und ob Sie ihm vertrauen. Wenn irgendetwas noch nicht so funktioniert, wie es sollte, gehen Sie grundsätzlich einen Schritt zurück bis zu dem, was Ihr Pferd sicher kann.
Setzen sie sich nie mit einem schlechten Gefühl auf den Kutschbock!

Wer in Deutschland mit Pferd und Kutsche fahren will, wird dies
auch im Straßenverkehr tun müssen. Auch mit dem allergrößten
Bemühen wird es kaum möglich sein, auf asphaltierte Straßen zu
verzichten. Leider ist unsere Gesetzgebung aus der Sicht des
Kutschfahrers durchgängig steigerungsfähig, aber was nutzt das
Lamentieren: Die Kutsche, das Pferd und das Auto werden immer
wieder zusammentreffen und damit dieses Zusammentreffen nicht
im Sinne des Zusammenstoßens zu verstehen sein wird, gilt es,
sein Gespann feinfühlig und auf den Punkt korrigierbar führen zu
können.

Bevor Sie
sich zum
ersten Mal in
den Straßen-
verkehr wa-
gen, sollten
Ihr Pferd und
Sie schon
einige Dinge
gut beherr-
schen.

Um für das Verkehrschaos, das wir nunmehr auch schon in den kleinsten Gemeinden antreffen, immer angemessen und souverän reagieren zu können, wird es in diesem Kapitel um

Das Korrigieren des Tempos
Das verfeinerte Fahren der Wendungen
Um Kehrtwendungen und
Um die Sicherheitsausrüstung des Fahrers gehen

Tempovariationen

Das Korrigieren des Fahrtempos, also langsameren und schnelleren Schritt oder langsamen und beschleunigten Trab fahren zu können, ist für die sichere Teilnahme am Straßenverkehr eine Bedingung. Weiterhin müssen Sie Ihr Fahrpferd nicht nur im Schritt antreten lassen können, sondern auch aus dem Stand auch sofort in einem von Ihnen bestimmten Tempo antraben lassen können. Das kann an stark befahrenen Kreuzungen enorm wichtig sein, um schnell genug über die Straße zu kommen.

Ihr Pferd hat in den vergangenen Monaten gelernt, vertrauensvoll und konzentriert auf Ihre Stimme zu achten. Sie haben gelernt, über die Fahrleine in jeder Situation einen sanften Kontakt zum Pferdemaul zu halten. Dies sind die notwendigen Voraussetzungen, um die nun folgenden nächsten Schritte erfolgreich meistern zu können.

Grundsätzlich sind Signalworte, nach deren Aussprache das Pferd ein bestimmtes Verhalten zeigen soll, frei wählbar. Ob Sie nun für das Antreten im Schritt Dingdong, Hü, Komm oder sonst etwas auswählen, bleibt Ihnen frei überlassen. Sie haben die entsprechenden Kommandos ja bereits vom Boden aus etabliert.

Wichtig, und ich denke die meisten Pferde kennen und reagieren auf ihren Namen, ist die vorangestellte Ansprache des Pferdes mit seinem Namen. Denn woher soll es sonst wissen, wann es gemeint ist, wenn wir vielleicht die ganze Zeit über angeregt mit unseren Mitfahrern plaudern? Ein uns bekannter Westerntrainer spricht seine Pferde aus dem gleichen Grund immer mit »OK« an – mit der Begründung, so müsse er sich nicht immer die komplizierten amerikanischen Namen der verschiedenen Berittpferde merken, die er zur Ausbildung bekommt.

Zeitgleich zu dieser Ansprache verknüpfe ich damit eine »halbe Parade«, drehe also meine Hände leicht nach innen. Das Pferd ist nun aufmerksam und reagiert auf das Stimmkommando.

Da ich sicher bin, dass mein favorisiertes Fahrpferd nicht lesen kann, möchte ich nun doch sagen, dass es verglichen mit vielen anderen Tieren sehr zwar solide ist, aber nicht unbedingt durch seine überragende Intelligenz auffällt. Trotzdem hat dieses Pferd in sehr kurzer Zeit die Kommandoworte für »Schritt«, »Trab«, »links«, »rechts«, »schneller«, «langsamer« und »halt« erlernt.

Während nach Ihrer Vorbereitung am Boden die Kommandos für Schritt, Trab und Halt sicher schon gut funktionieren, ist das Erlernen neuer Kommandos dann am einfachsten, wenn sich die Aktion des Pferdes, die auf das Kommandowort folgen soll, mit dem aktuellen Wunsch des Pferdes deckt.

Um also Trab- oder Schrittverstärkungen auf Stimmkommando einzuüben, bietet es sich an, entsprechende Stimmungsphasen des Pferdes zu nutzen. Immer geeignet ist der Heimweg: Hier will das Pferd von sich aus schneller treten und Sie können ohne Probleme die Verknüpfung Ihres Wunsches mit einem Wort erreichen. Sie sagen Ihr Kommandowort also dann, wenn es sowieso gerade lostraben möchte. Das Pferd versteht diese Verknüpfung in der Regel sehr schnell, und Sie können nach einigen Wiederholungen das neue Kommando nun auch an anderen Orten und in anderen Situationen üben.

Je nach Gemüt und Intelligenz des Pferdes kann es einige Wiederholungen brauchen, bis neue Kommandoworte ohne die Hilfe z. B. der Fahrpeitsche »sitzen«.

Neben dem Variieren des Tempos in Schritt und Trab sind für die Teilnahme am Straßenverkehr aber auch der minimale Bremsweg und die wenn nötig optimale Beschleunigung wichtig.

An einer Straßenkreuzung muss es Ihnen möglich sein, aus dem Stand im starken Trab loszufahren, genauso wie Sie aus dem starken Trab möglichst schnell zu Stand kommen müssen. Wenn auch die Abläufe vom Abbremsen des Pferdes und des Wagens klar sind, so werden Sie feststellen, dass auch die »Notbremsung« von Ihnen und Ihrem Pferd erlernt werden muss. Sinnvollerweise sollten alle zum Durchparieren notwendigen Körperbewegungen vom Fuß für die Bremse über die Hand bis zur Stimme automatisiert sein. Nur die automatisierte Bewegungsabfolge kann zu Notbremsung beschleunigt werden.

Auch das Antraben aus dem Stand muss behutsam, aber konsequent geübt werden. Ein häufiger Fehler, der das Pferd schnell sehr vorsichtig macht und uns die Arbeit damit erschwert, ist, vor dem

Antraben nicht ausreichend auf die Position des Wagens geachtet zu haben. Wenn die Zugstränge auch nur leicht durchhängen, bekommt das Pferd, wenn es wie von uns gefordert forsch antrabt, einen deutlichen Ruck ins Geschirr. Schon beim nächsten Mal wird das Pferd vorsichtiger nach vorne treten und wir haben das Gegenteil unseres Ziels erreicht. Am einfachsten suchen Sie für diese Übung einen ganz leicht abfallenden Weg, bei dem das Pferd mit absoluter Sicherheit ohne Ruck auf der Brust nach vorne lostraben kann.

Wendungen

Das Verfeinern der Wendungen ist für die Teilnahme am Straßenverkehr unbedingt nötig, wenn Sie es vermeiden wollen, parkende Autos zu verkratzen oder Bordsteine nicht regelmäßig zu überfahren. Dies ist sicherlich auf dem »Verkehrsübungsplatz« am einfachsten zu trainieren. Mein Verkehrsübungsplatz ist dabei eine abgemähte Wiese mit einigen Straßenbauhütchen darauf, die ich im Internet für wenige Euros erstehen konnte.

Genauso wenig wie Sie, so vermute ich zumindest, am Anfang Ihrer Autofahrerkarriere rückwärts einparken konnten, genauso unpräzise werden Sie am Beginn der Fahrerkarriere ein Gespann durch den Hütchenparcours steuern können. Egal, welches Tor oder welche Schlangenlinien Sie auf der Wiese stellen: Der Abstand der Hütchen muss sich nach dem Maß der Achse richten. Mutige stellen die Hütchen 10 oder 20 cm weiter auseinander als das Maß der Spurweite. Im Schritt beginnend und später im Trab versuchen Sie, die Tore oder die Schlangenlinien zu passieren, ohne mit den Hütchen zu kegeln.

Bei diesen Übungen ist Ihre Selbstdisziplin sehr stark gefragt! Fahren Sie nie schneller, als es Ihre manuelle Geschicklichkeit zulässt. Es wäre fatal, wenn Sie durch zu schnelles Tempo hektisch würden und den kontrollierten Kontakt zum Pferdemaul verlieren würden. Bremsen Sie das Fahrtempo immer rechtzeitig und lassen Sie niemals Hektik aufkommen. Zuallererst geht es bei diesen Übungen um die Präzision. Das Tempo wird mit der Übung von allein kommen.

Das Fahren
von Wen-
dungen lässt
sich mit
Baustellenhüt-
chen gut auf
einer großen
Wiese üben.

Kehrtwendungen

Kehrtwendungen sind, wenn man so will, besonders scharfe Kurven, wobei sich die Gig um die eigene Achse drehen soll und der vierrädrige Wagen bei stehender Hinterachse nur über die Vorderachse dreht.

Damit das Pferd diese Aufgabe vor dem Wagen meistern kann, ist die Vorübung auf dem Platz am Boden notwendig. In der Bildserie »Von nah zu fern« auf Seite 66 sehen Sie, wie das aussehen soll.

Kehrtwendungen sind dann notwendig, wenn man auf der Straße wenden muss oder beim Fahren auf Wirtschaftswegen in eine Sackgasse gefahren ist. Beide Situationen wären auch anders zu lösen: Auf dem Wirtschaftsweg könnte man ausspannen und den Wagen drehen und auf der Straße könnte man einen Umweg fahren, um wieder in die andere Richtung zu kommen. Ich würde dieses Verfahren immer bevorzugen, bis das Pferd auf dem Platz für das Ausführen der Kehrtwendungen ausreichend vorbereitet ist.

Eine Kehrtwendung ist, wenn man sie vorbildlich fahren will, eine »Schrittpirouette« mit einem größeren Kreis des inneren Hinterbeins. Die Vorderbeine sollen kreuzen und das Pferd soll sich in die Laufrichtung biegen. Sie erkennen, dass pferdeschonend gefahrene Kehrtwendungen zu dem fahrerisch anspruchsvollsten überhaupt gehören und nichts mit dem Herumziehen des Wagens, wie zu oft zu sehen, zu tun hat. Vermeiden Sie das Fahren von Kehrtwendungen, so lange es am Boden noch nicht richtig klappt.

Das Fahren der Kehrtwendungen erfolgt dann auf die gleiche Art und Weise wie am langen Zügel: Durch die Biegung des Pferdes in die Laufrichtung muss die äußere Fahrleine noch weiter nachgegeben werden. Über eine zu harte äußere Hand verwirft sich das Pferd. Achten Sie auf die zentrale Sitzposition genau hinter dem Pferd, um immer die korrekte Biegung des Pferdes bewerten zu können. Viele Pferde eilen bei der Kehrtwendung zu sehr, dieses können Sie mit der Fahrpeitsche an der Innenseite der Kehrtwendung begrenzen.

Bis das Pferd diese Lektion auf dem Reitplatz nicht sicher beherrscht, ist die beste Kehrwendung die, welche man durch seine Weitsicht vermieden hat!

Rückwärtsrichten

Das Rückwärtsrichten ist ebenfalls ein Lektion, die am Boden vorbereitet werden muss. Das Rückwärtsrichten des Gespanns mit einer Gig ist einfach, denn der einachsige Wagen reagiert in seiner

Fahrrichtung wie auch beim Vorwärtsfahren. Schwierig dagegen ist das Rückwärtsrichten mit einem vierrädrigen Wagen. Er reagiert wie ein zweiachsiger Anhänger. Schon nach wenigen Schritten des Pferdes besteht die Gefahr, dass sich die Hinterachse in eine nicht gewollte Richtung bewegt.

Für das Rückwärtsrichten im Gespann ist die Verwendung eines Hintergeschirrs unbedingte Voraussetzung. Vor allem beim Fahren mit einer Gig kann durch das Rückwärtsrichten und langsames Vorstoßen die Kehrtwendung ersetzt oder noch vermieden werden.

Eine reflektierende Sicherheitsausrüstung ist im Straßenverkehr unbedingt sinnvoll, um früher gesehen zu werden. Auch an hellen Tagen verschwimmt ein dunkles Pferd für den sich schnell nähernden Autofahrer leicht mit dem dunkeln Waldrand dahinter.

Die Sicherheitsausrüstung des Fahrers

Wer sich als Gespannfahrer in den Straßenverkehr begibt, braucht ein Mindestmaß an Sicherheitsausrüstung. Fahrer können nicht, und ich spreche aus eigener Erfahrung, immer mit der Rücksicht oder Vorsicht der Auto- und Lastwagenfahrer rechnen. Der Fahrer sollte alle technischen Möglichkeiten nutzen, um die Aufmerksamkeit der Kfz-Lenker auf sich und die Besonderheit seiner Verkehrsteilnahme zulenken. Reflektierende Westen, Warnhinweise mit Aufschriften wie »bitte Abstand halten« sind sicher weder kleidsam noch ästhetisch, aber sie sind zweckmäßig. Viele Autofahrer sind sich nicht darüber im Klaren, dass geringer Abstand und unangemessene Geschwindigkeit schwierige Situationen für das Pferd bedeuten.

Eine gut reflektierende Winkerkelle für das Anzeigen eines Richtungswechsels ist genauso wichtig wie reflektierende Gamaschen für das Pferd. Vor allem an den nebligen Tagen in den Wintermonaten ist es mir besonders wichtig, Aufmerksamkeit zu erregen!

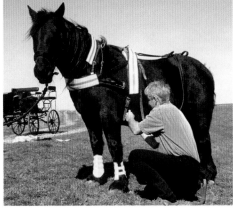

Die häufigsten Fehlerquellen und Probleme

Auch Kutschen müssen regelmäßig gewartet werden

Vor Kurzem bekam ich einen Anruf von einem verzweifelten Freizeitfahrer: Bei seiner Kutsche war der Bolzen, welcher die beiden Teile des Drehkranzes miteinander verbindet, gebrochen. Das Pferd war mit der Vorderachse im Schlepp natürlich losgestürmt. Der Rest der Kutsche knallte auf den Boden und blieb liegen. Wie durch ein Wunder gab es bei den Mitfahrern keine Verletzungen zu beklagen, doch das arme Pferd hatte sich gravierende Ballenverletzungen zugezogen. Diese oder ähnliche Unfälle passieren weitaus häufiger, als man allgemein annimmt. Und häufig wären sie durch intensivere Wartung der Kutschen zu vermeiden. So wie die meisten von uns ihr Auto regelmäßig zur Inspektion in die Werkstatt fahren, so sollte man auch die Kutsche einmal jährlich einer gründlichen Inspektion unterziehen.

Besonders sicherheitsrelevante Bauteile einer Kutsche wie eben dieser Bolzen, der den Drehkranz zusammenhält, müssen einer regelmäßigen Sichtkontrolle unterzogen werden, wozu der Drehkranz zerlegt werden muss. Wie bei jedem Auto üblich, so wäre es auch für die Kutsche wünschenswert, wenn die Hersteller einen detaillierten Wartungsplan beilegen würden. Denn die meisten Unfälle, die aus einem Defekt der Kutsche resultieren, sind gravierend. Nicht selten kommt es zu Personenschäden, und fast immer sind die betroffenen Pferde danach verstört und traumatisiert.

Ist die Technik in Ordnung? Die Kutsche muss regelmäßig gewartet und ihr Zustand überprüft werden.

Für viele dieser »Unfallpferde« ist die Karriere als Freizeitfahrpferd beendet, und nur sehr robuste und psychisch starke Pferde sind nach einem solchen Erlebnis noch unvoreingenommen und sicher vor der Kutsche. Auch bei kleinen und glimpflich abgegangenen Unfällen dieser Art sollte wie zum Einfahren eines Pferdes neu begonnen werden.

Die Anforderungen langsam steigern

Viele Freizeitpferde, genau wie die Freizeitfahrer, sind in der Belastung saisonalen Unterschieden ausgesetzt. Dies birgt die Gefahr
der oft gravierenden Überlastung des Pferdes. Es ist nicht zu leug-
nen, dass das Fahren für den menschlichen Körper mit deutlich
geringerem Kraftaufwand durchzuführen ist, als dies bei der
Reiterei möglich ist. Somit bekommt der Reiter zum Beginn seiner
aktiveren Zeit sehr viel mehr Rückmeldung über die Arbeitsin-
tensität als der Fahrer. »Die Runde«, die das Pferd im letzten Jahr
ohne ein nasses Haar bewältigen konnte, wird nach einer langen
Schonzeit eventuell zu einer Überforderung. Neben den unbestrit-
tenen körperlichen Schäden, die das Fahrpferd erleiden kann, provoziert der Fahrer so aber auch (berechtigte) Widersetzlichkeiten
des Pferdes. Die Pferdecharaktere sind so unterschiedlich wie die
der Menschen, aber nahezu alle Pferde erlernen hier das Misstrau-
en zum Menschen und die Kooperationsbereitschaft für die Zukunft
nimmt ab.

Die dummen Kleinigkeiten

Die kleinen Ungenauigkeiten, die meist so harmlos anfangen, können sich zu richtig großen Problemen entwickeln. Tritt Ihr Pferd an,
sobald Sie den Kutschbock bestiegen haben und gerade dabei
sind, die Fahrleine in der Hand zu ordnen? Dies ist auf den ersten
Blick sicher keine Katastrophe, aber es gilt hier schon den Anfängen
zu wehren. So wie das Pferd hier ohne Kommando losgetreten ist,
so könnte es dies beim nächsten Mal auch an der Stoppstraße tun.
Hier ist Ihre Konsequenz gefragt, denn es muss Ihnen immer klar
sein, dass Sie in jeder Situation »die Leinen fest in der Hand haben
müssen«.

Fast jedes Pferd neigt dazu, in manchen Situationen das Ruder
übernehmen zu wollen. Es möchte sofort los – es will an der
Kreuzung, an der wir immer links gehen, auch heute links abbiegen
und so weiter. Hier sollten Sie energisch einschreiten. An der Stelle,
an der Sie zweimal hintereinander angetrabt haben, parieren Sie
beim dritten Mal zum Stand durch und lassen das Pferd eine Weile
stehen. Nur über permanente Abwechslung und das Vermeiden von
Routine erhalten Sie dauerhaft die Aufmerksamkeit Ihres Pferdes.

Die Routinefalle

Ein zentrales Problem zieht sich durch die gesamte Reiterei und
Fahrerei: Routine und die daraus entstehende Fahrlässigkeit. Ge-

rade auch beim Freizeitfahren können dadurch gefährliche Situationen entstehen.

Jeder von uns, der schon einige Jahre Pferdeerfahrung »auf dem Buckel« hat, ist im Grundsatz über die wesentlichen Verhaltensweisen im Umgang mit dem Pferd informiert und die meisten haben wohl auch schon unangenehme Erfahrungen gemacht, die auf eigenes fehlerhaftes Verhalten zurückzuführen sind. Trotzdem sind wir alle vor der Routine und der damit steigenden Sorglosigkeit nicht gewappnet. Wir alle, ob der Reiter, der Hufschmied, der Reitlehrer oder der Tierarzt, neigen dazu, »schlampiger« zu werden, den korrekten Umgang mit dem Pferd zu verwässern, Fahrlässigkeiten zu etablieren und sogar zu steigern, bis, ja bis die Situation eintritt, die Gott sei Dank meist gut ausgeht, uns aber wieder daran erinnert, pedantischer und lehrbuchmäßiger mit dem Pferd zu verfahren.

Nicht anders entstehen sehr viele Probleme beim Freizeitfahren. Man fährt vergnügt plaudernd durch die Landschaft und ist entsprechend abgelenkt. Egal welches Hindernis auftaucht oder welche Problematik entsteht: Sie müssen auf Ihr Pferd reagieren und haben somit die Grundsätze des sicheren Freizeitfahrens verlassen, denn es ist Ihre Aufgabe, für das Pferd zu denken und jederzeit selbst zu agieren. Konzentrationslosigkeit, meist zusammen mit einer mangelnden Leinenverbindung zum Fahrpferd, endet oft im Unfall, zumindest aber in einer unschönen und sicher nicht pferdefreundlichen Aktion des Fahrers.

So bitte nicht: Die Konzentration des Fahrers muss immer dem Pferd gelten!

Wenn der Fahrer das Pferd alleine lässt

Das gerittene Pferd registriert nicht nur das Gewicht, sondern auch
die Bewegungen des auf ihm sitzenden Reiters. Anders das Fahrpferd: Es registriert jederzeit die Anwesenheit der angehängten
Kutsche, kann seinen Fahrer allerdings nur über die Fahrleine und
die Stimme wahrnehmen. Wenn das Fahrpferd in einer kritischen
und für seine Psyche gefahrvollen Situation die Anwesenheit des
Fahrers nicht spüren kann, so wird es die Kutsche als Hindernis an
der ausreichend schnellen Flucht empfinden. Ein jetzt erst einset-
zendes Eingreifen mit Stimme und Fahrleine kann die gewünschte
und beruhigende Wirkung kaum noch erzielen. In vielen Situationen
erreichen Sie mit verspätetem heftigem Einsatz der Fahrleine sogar
das Gegenteil! Fahrer, die solche unschönen und leider oft auch
selbst verschuldeten Situationen erlebt haben, verlieren nicht selten
dadurch das Vertrauen zu ihrem Pferd. Dieses verloren gegangene
Vertrauen verkompliziert das Fahren meist sehr und sollte mit aus-
giebiger und intensiver Bodenarbeit wieder hergestellt werden.

Es kommt leider ebenfalls immer wieder vor, dass der Freizeitfahrer zwar den Leinenkontakt zum Pferd erhält, aber die Leine
nicht ausreichend in der Hand fixiert. Sie erinnern sich gewiss noch
an die schönen warmen Sommertage, an denen im Grunde nichts
unser Fahrvergnügen störte – bis auf die ein oder andere Mücke.
Die Pferde empfinden das ähnlich und wollen sich mit dem Kopf von
den lästigen Insekten befreien. Bei ungenügend fixierten Fahrleinen
gleiten Ihnen dieselben durch die Hände und es besteht die Gefahr,
dass sich eine Leine in der Schere einhängt. Nun ist Ihr Fahrpferd
führungslos und Sie haben keine Möglichkeit mehr zum kontrollierten Eingriff. Wenn Sie Glück haben, bleibt Ihr Pferd auf das
Stimmkommando hin stehen und Sie können die Fahrleine befreien
– aber nicht alle Pferde halten in einer solchen Situation brav an!

Probleme durch unpassendes Fahrgeschirr

Sehr viele Unfälle mit Kutschen passieren aufgrund der Verwendung von unbrauchbaren oder unpassenden Geschirren. Es ist eigentlich selbstverständlich, aber wohl immer wieder notwendig, darauf hinzuweisen, dass Ledergeschirr, sollte es schlecht oder gar
nicht gepflegt werden, sehr schnell seinem Nutzzweck nicht mehr
entspricht. Aber genauso ist nicht sicher, dass ein einmal richtig
angepasstes Geschirr auf Dauer richtig sein wird.

Mir erzählte einmal ein Fahrlehrer die Geschichte eines ehemali-
gen Schülers, der für sein Kaltblut ein Maßkumt hatte anfertigen las-

sen. Nach einigen Monaten rief er bei besagtem Fahrlehrer an und fragte, was er denn tun könne, sein Pferd würde nach wenigen Metern, aber spätestens am ersten Berg, den Dienst verweigern. Der Fahrlehrer fuhr hin und stellte fest, dass das »Maßkumt« dem Pferd durch den großen Muskelzuwachs einfach zu eng geworden war und es nun würgte. Nach der Anschaffung eines passenden Kumts zog das Pferd wieder wie gewohnt!

Pferde verändern sich, sie bekommen stärkere Muskeln oder verlieren sie, sie nehmen ab oder werden dicker. So wie Sie den veränderten Umfang des Bauches durch die Verschnallung des Bauchgurtes sofort merken, so vollziehen sich die Veränderungen an den Muskeln meist eher schleichend. Aber Sie können sicherlich verstehen, dass unpassende und drückende Geschirre das Pferd weder kooperativ noch wohlgestimmt machen! Die regelmäßige Kontrolle des Geschirrs, die Beurteilung des Pferdes und der Verschnallung des Geschirrs sind deshalb unabdingbar und vermeiden unnötige Probleme.

So ein zusammengeschustertes Geschirr-Wirrwarr ist unverantwortlicher Leichtsinn. Gutes, passendes und gut gewartetes Material ist unbedingte Voraussetzung für ein sicheres Fahrvergnügen.

... und zum Schluss:

Wenn Sie mit Ihrem Pferd bis hierher vorgedrungen sind, haben Sie ein großes Stück Arbeit geleistet. Herzlichen Glückwunsch! Vielleicht haben Sie sich nach dem Kapitel über die vorbereitende Bodenarbeit auch entschlossen, Ihr Pferd ab jetzt einem professionellen Fahrausbilder anzuvertrauen. Vermutlich wird dieser sich freuen, wie wenig Arbeit er mit Ihrem Pferd noch hat.

Ich wünsche Ihnen stets unfallfreie und vergnügliche Ausfahrten mit Ihrem Pferd!

ANHANG

Empfohlene Literatur zu den Themen in diesem Buch

Bird, Jo: Natural Horsemanship in Haltung und Pflege. Kynos Verlag, Mürlenbach, 2002.

Hinrichs, Richard: Pferde schulen an der Hand. Wege zum Lösen und Versammeln. Kosmos Verlag, Stuttgart, 2004 (2. Auflage).

Karl, Philippe: Hohe Schule mit der Doppellonge. BLV, München, 2002.

Rau, Burkhard: Fahren ohne Schlips und Kragen. Eine Anleitung zum sicheren Freizeitfahren. Kynos Verlag, Mürlenbach, 2002.

Rau, Burkhard: ABC der Pferdekunde. So werde ich Pferdekenner. Kosmos Verlag, Stuttgart, 2004.

Rau, Burkhard & Gisela: Der richtige Hufschutz für mein Pferd. Kosmos Verlag, 2001.

Schöning, Barbara: Clickertraining für Pferde. Kosmos Verlag, 2006.

Zeitler-Feicht, Margit: Handbuch Pferdeverhalten. Eugen Ulmer Verlag, Stuttgart, 2001.

Burkhard Rau

FAHREN OHNE SCHLIPS UND KRAGEN

Eine praktische Anleitung zum sicheren Freizeitfahren

Hier findet der Leser keine Stil- und Kleidervorschriften, sondern praxiserprobte Ratschläge. Der Autor stellt in diesem Buch die ketzerische Frage, inwieweit ein Fahren nach Achenbach für Freizeitfahrer überhaupt noch praxistauglich ist und stellt einen modifizierten Fahrstil vor. Eine entstaubte Fahrlehre, die den Einstieg in den Fahrsport zum Vergnügen macht.
128 Seiten, über 100 Farbfotos
ISBN 978-3-933228-46-8
15,00 € (D) / 15,50 € (A) / 26,90 CHF

KYNOS VERLAG Dr. Dieter Fleig GmbH
Konrad-Zuse-Straße 3 • D-54552 Nerdlen/Daun
Fon: 06592 957389-0 • Fax: 06592 957389-20
www.kynos-verlag.de